마을을 키우는
아이들

이 책은 2021년 대한민국 교육부와 한국연구재단의 지원을 받아 수행한 연구이다. (과제번호: NRF-2021S1A3A2A01096330)

서강대학교 SSK(Social Science Korea) 지역재생 연구팀은 교육부(한국연구재단)의 지원을 받아 지역창업과 중간지원조직을 중심으로 지역변화의 가능성을 연구하고 있다.

마을을 키우는 아이들

가미야마 학교 이야기

모리야마 마도카 지음   윤정구 · 조희정 옮김

더가능연구소

THE POSSIBILITY LAB

____

머리말

'지역 일꾼 키우기', 말은 쉽다.

많은 지방에서 인구감소·저출생·고령화가 가속되고 있다.

이 흐름은 최근에 나타난 것이 아니다. 근대화 이후 급격히 늘어
난 인구는 2000년대에 들어서 감소하기 시작했고, 그 이면에는 지
방에서 도시로 사람을 보내는 흐름이 면면히 이어지고 있다. 떠난
사람들은 돌아오지 않고 아이들의 모습도 보이지 않으니 '위기'라고
느끼는 사람들이 많다.

쫓기듯 전국 학교들이 통폐합되고 있다. 학교가 없어진 지역에서
는 아이 키우기 힘들다며 사람들이 사라진다. 악순환은 멈추지 않
는다. 이대로는 살 수 없다.

이런 상황에서 지역인재 육성과 어릴 때부터 지역을 사랑하는 마
음을 키우는 일은 지상과제가 되었다. 지자체와 각종 학교 문서에

는 '지역 일꾼 키우기'라는 표현이 자주 등장한다.

그 표현에는 지역을 압박하는 초조함과 어린이들이 희망이라는 마음이 담겨 있다. 그러나 지역과 학교 입장만 있을 뿐 교육받는 학생의 관점은 쏙 빠져있다.

나도 이 부분을 반성한다. 고등학생과 지역을 연결하는 수업을 맡았을 때 별다른 고민 없이 수업계획서에 '지역 일꾼 만들기'라고 썼다. 그러나 언젠가부터 그 말이 거북했고 위화감마저 들어 이제는 쓰지 않는다. '누구를 위한 수업인지 모르겠다. 어른들 비위를 맞추려는 이런 식의 표현은 쓰지 말자'고 생각하게 되었다.

사회 인프라는 급속도로 고도화되고 100세 인생을 논하는 이 시대에 내가 살 장소와 생활방식을 남이 정한다는 논리는 이미 통하지 않는다. 아무리 지식과 기술을 정성으로 가르쳐도 사회에 진출할 때의 상황은 전혀 다르다는 것을 우리는 잘 알고 있다.

그런 시대를 살아가는 우리에게 중요한 것은 '가르치는 쪽(교사)과 배우는 쪽(학생)'이라는 일방통행 시스템을 허물고 나이와 경험에 관계없이 서로 키워주는 건전한 관계를 구축하는 것이다.

1. 미래세대에 마을 물려주기

나는 5천 명이 사는 가미야마라는 작은 마을에서 6년 동안 학교·관공서 그리고 지역을 연결하는 코디네이터 활동을 했다.

가미야마는 아름다운 계단식 논이 있고 밝은 표정의 멋진 할머니와 할아버지들이 있는 '시골'이다. 그러나 외국 예술가들이 모여 작품을 만들기도 하고, 통유리창이 있는 위성사무실이 있는 등 시골답지 않은 곳이다.

산속과 논 한 가운데 예술작품이 놓여있고, 그런 분위기에 국내외 사람들이 매력을 느껴 가볍게 놀러 왔다가 아예 눌러살기도 한다. 대도시 기업들이 옛집을 고쳐 위성사무실을 연 것이 '새로운 일하는 방식'이라며 방송에도 자주 보도되는 곳이다.

그런 열정이 그득한 마을이지만 급속한 인구감소와 저출생·고령화 흐름에서 벗어나지 못한 것도 사실이다. 관리되지 못한 산에서 내려온 사슴과 원숭이가 밭을 망쳐놓기도 하고, 집주인이 죽고 나서 방치된 폐가들이 늘고 있다. 주민과 관공서 모두 골치 아파하는 상태다.

2014년 일본창성회의가 발표한 속칭 '마스다 보고서'는 2040년까지 전체 1,700여 개 지자체 중에 반이 소멸한다고 예측했다.* 그 보고서에서 가미야마는 인구감소율 전국 20위의 심각한 상태의 지역으로 분류되었다. 마을의 중학교는 통합되어 1개뿐이고 농업고등학교는 정원 미달이 속출하여 언제 폐교될지 모를 상황이다.

이대로 두면 그동안 애써 가꾼 경관도 사라지고 마을 주민들 간의 좋은 관계도 사라질 수 있다. 그 와중에 '조용히 마을을 닫는다'는 선택지까지 고려해야 할 것 같은 상황이 되었다.

그러나 가미야마는 문화권으로서 마을을 유지하고, 유지뿐만 아니라 마을의 가능성을 높이는 방향을 택했다.

2015년 약 6개월간 면사무소**의 젊은 직원과 주민들이 학습회와 회의를 하여 마을발전전략 '마을을 미래세대에 이어주는 프로젝트'를 만들었다.*** 이를 실행하는 지역조직으로서 일반사단법인 '가미야마연대공사'(이하 연대공사)****를 설립했다.

당시 내가 일하던 회사가 마을 회의를 지원했기에 나는 매월 한 번은 도쿄에서 가미야마로 와야 했다. 마을 일을 하면서 적극적인 에너지에 끌리고 속도감 있는 결정 방식에 매력을 느꼈다.

---

* 2014년 5월, 마스다 히로야(增田寬也) 전(前) 총무장관이 주도하는 민간연구단체 일본창성회의는 「성장을 이어가는 21세기를 위하여: 저출산 극복을 위한 지방활성화전략(成長を続ける21世紀のために: ストップ少子化·地方元気戦略)」이라는 보고서(일명 '마스다 보고서', 원문은 http://www.policycouncil.jp/pdf/prop03/prop03.pdf)를 발표했다. 이 보고서는 일본 전체 1,799개 지방자치단체의 절반에 육박하는 896곳이 2040년까지 소멸할 것으로 예측하였고, 특히 이 가운데 총인구 1만 명 미만인 523곳의 소멸 가능성이 높다고 전망했다. 이후, 마스다 보고서가 2014년 6월과 7월에 『주오코론(中央公論)』에 발표되었고, 2014년 8월 『지방소멸: 도쿄 일극집중이 초래하는 인구 급감(地方消滅: 東京一極集中が招く人口急減)』이라는 제목의 책으로 출간되어, 2015년 신서대상(新書大賞)을 수상할 만큼 일본 사회의 큰 관심을 받았다. 한편, 이러한 논리에 대해서는 '수도권 중심 접근', '경제지상주의', '지역 포기 논리', '단일변수 의존', '배제의 정당화' 등과 같은 논쟁이 진행되었다[구체적인 논쟁 내용에 대해서는 박승현. 2016. "지방소멸과 지방창생: 재후(災後)의 관점으로 본 마스다 보고서." 「일본비평」 제16호: 158-183; 이정환. 2018. "일본 지방창생정책의 탈지방적 성격." 「국제·지역연구」 27(1): 1-32. 참조]. (역주)
** 일본의 지자체 단위는 도도부현(광역 지자체)과 시정촌(기초 지자체)으로 구분하여, 가미야마정의 경우엔 정사무소라고 표현하는 것이 맞지만 이해하기 어려운 표현이므로 이하부터는 면사무소라고 표현한다. (역주)

결국 계획 수립뿐만 아니라 '실행도 하고 싶다'는 생각으로 이주를 결정했다. 그리고 연대공사 직원이 되어 농업고등학교 관련 코디네이터 업무를 맡게 되었다.

지역에서는 '지역 아이들이 다니고 싶은 학교를 만들어달라'고 했고, 학교는 '학생에게 실제 사회를 경험하게 해주고 싶다'고 했다. 양쪽의 생각을 반영하여 2016년부터 협동 수업과 활동을 전개했다.

2019년에는 공영기숙사를 만들어 다른 지역 학생도 입학하고 있으며, 2023년에는 지역기업가 정신을 함양하는 사립고등전문학교 *****를 개교하는 등 마을의 교육환경이 점점 다양해지고 있다.

이 책은 지역과 학교의 관계를 중심으로 2016-2021년까지 활동한 기록이다.

*** 이 보고서의 작성 과정은 류석진·윤정구·조희정 역. 2020. 『마을의 진화: 산골마을 가미야마에서 만난 미래』. 서울: 반비, 이하 『마을의 진화』(神田誠司. 2018. 神山進化論: 人口減少を可能性に変えるまちづくり. 京都: 學藝出版社.) 4장 참조. 보고서의 원제목은 「まちを将来世代につなぐプロジェクト」, 원문은 http://www.town.kamiyama.lg.jp/office/soumu/image/%E3%81%BE%E3%81%A1%E3%82%92%E5%B0%86%E6%9D%A5%E4%B8%96%E4%BB%A3%E3%81%AB%E3%81%A4%E3%81%AA%E3%81%90%E3%83%97%E3%83%AD%E3%82%B8%E3%82%A7%E3%82%AF%E3%83%88v.1.2.pdf 참조. (역주)
**** 연대공사의 활동 과정은 『마을의 진화』 5장 참조. (역주)
***** 사립고등전문학교는 2023년 4월에 개교했다(https://kamiyama.ac.jp). 이 학교에 관해서는 역자 후기에 자세히 소개한다. (역주)

2. 경험 축적

나는 주민이자 지역기관 직원, 학교 강사로서 지역을 대상으로 한 수업을 만들었고, 교과과정 개편 활동을 했다.

지역과 학교가 힘을 합쳐 학생 인생의 가능성을 가르치며 학생뿐만 아니라 주민도 새로운 배움을 얻었다. 또한, 그 과정에서 지역경관 보존 등 또 다른 성과를 경험하기도 했다.

그렇다고 처음부터 분명한 계획을 갖고 시작한 것은 아니었다. 완벽한 계획을 세우기보다는 작은 시도를 거듭하며 감각을 익히고 '일단 해보자'는 자세로 지난 6년을 보냈다.

3. 함께 키운다는 것은?

학교와 지역, 어른과 아이, 이렇게 서로 다른 주체가 서로 키워주는 환경이란 무엇일까. 어떤 방식으로 해야 하는가. 이것이 이 책에서 말하고 싶은 주제다.

그렇다고 거창한 사례나 획기적인 교육방식을 제안하려는 것은 아니다. 우리 마을의 성과는 앞으로의 학교 모습을 지역과 함께 만드는 분위기가 형성되어, 이 학교에서 배우고 싶고 이 지역에서 살고 싶다는 학생들이 모여든 것이다.

이 지역 출신도 아닌 내가 이주한 지 6년밖에 안 됐는데 마을 활동에 관한 책을 쓰자니 조심스럽다. 나는 교육 전문가도 아니고 마을 만들기 연구자, 작가, 유명한 조직의 대표도 아니다.

그러나 이 6년의 발자취에는 기존의 틀을 깨고 사람과 사람이 협동하며 자연스럽게 일을 진행하는 방법의 힌트가 있다고 생각해서 용기를 냈다.

사람과 만나며 배운 것을 통해 다음의 한 걸음을 내딛고 그다음 단계로 나아가는 것은, 한 명의 리더가 분명한 목표를 제시하고 모두 그 뒤를 따르는 방식과는 분명히 다르다. 거창하지 않더라도 나와 상대방이 공통으로 이해할 수 있는 부분을 발견하고 그것을 함께 키워가는 유연한 진행 방식이다.

거창한 추진 방식이 '드래곤 퀘스트(Dragon Quest)'* 방식이라면, 모두 차근차근 협동하는 방식은 '모여라 꿈동산' 방식일 것이다.

학생, 교사, 지역주민인 나도 함께하면서 각자 변하는 것을 실감했다. 불과 6년 전에는 폐교 위기였는데 지금은 매우 다른 풍경이 눈앞에 펼쳐지고 있다.

---

*'드래곤 퀘스트'는 1986년 5월 27일 닌텐도가 출시한 일본의 국민 RPG, 나아가 JRPG로 평가되는 게임으로서 미션 달성을 위한 모험을 의미한다. (역주)

목 차

주요 조직

가미야마 면사무소

가미야마교의 학과개편 논의를 위해 2018년부터 '가미야마 학교에 대한 기대와 제안'을 시작했다. 마을재생 업무를 하는 공무원 2명이 교대로 가미야마연대공사에서 파견근무를 한다.

현립 조니시고등학교 가미야마교

마을의 유일한 농업고등학교로서 전교생 90명이다. 2017년 '가미야마 창조학' 과목을 개설했고, 2019년 학과개편을 통해 '가미야마분교'에서 '가미야마교'로 명칭을 변경했다(이하 가미야마교).

가미야마연대공사

마을재생전략* 수립의 결과로 2016년 설치된 중간지원조직이다. 마을의 주택·교육·복지 등을 담당하며 직원 세 명이 가미야마교에서 사회인 강사를 한다.

---

*일본에서는 지역 부흥의 의미로 지방창생이라는 말이 보편적이지만 이는 우리나라에서는 쓰는 말이 아니다. 그래서 이해를 돕기 위해 이 책에 나오는 모든 '창생'이라는 말은 (출처에 나온 문건의 공식 표현 외에는) '재생'으로 번역하였다. (역주)

학교, 로컬을 만나다

아유 하우스

2019년 설치한 가미야마교 기숙사. 정원 18명 규모로서 가미
야마연대공사가 산촌유학을 모델로 운영한다.

푸드허브·프로젝트

'마을 농업을 미래세대에 전하기' 위해 2016년 설치한 농업회사
다. 먹거리 교육 담당자가 가미야마교의 사회인 강사를 겸임
한다.

제1장

고등학교에서
시작하기

1. 적막한 마을의 기억

초등학교 때는 그렇게 재미있던 지역의 여름 축제가 하나둘 없어지고 있다. 왜 그럴까.

내가 다니던 학교는 한 학년에 2개 반이었는데 나보다 어린 학년은 반이 1개였다. '반이 안 바뀌면 어떤 느낌일까?'라고 생각한 적도 있다.

나는 오카야마시 교외의 공업단지에서 태어났다. 저녁을 알리는 종소리가 울리기까지 뛰어놀던 근처 공원은 내가 고등학교에 들어갈 무렵에는 주차장으로 변해버렸다. 큰 미끄럼틀이 있던 곳에 이젠 아무것도 없다.

대학생이 되어 오랜만에 집에 돌아왔는데 이상하리만큼 약국이 많아졌다. 한가한 시간대였는지 모르겠지만 거리에는 사람이 거의 없었고, 그 황량함에 놀라 '우리 동네가 이런 곳이었나?'라며 당황했던 기억이 있다.

중학교와 고등학교는 인근 현으로 다녔고, 대학은 대도시인 후쿠오카로 갔기에 고향에 관한 기억은 초등학교 때뿐이다. 그래서 더욱 변화가 크게 다가왔는지도 모르겠다.

온통 낯선 느낌이었고 마을 전체가 마치 색 바랜 회색 콘크리트처럼 느껴졌다. '마을이 적막해지는 것은 이런 느낌이구나'라고 깨닫게 된 것은 그로부터 한참 뒤의 일이다.

2. 닥쳐올 미래

"여러분의 마을은 10년, 20년 동안 어떻게 변했나요? 앞으로 어떤 일이 일어날까요?"

2015년 가미야마에서는 손 놓고 있으면 이렇게 된다는 '닥쳐올 미래'에 관한 논의가 시작되었다. 지역 중학교의 진학생이 줄어들어 마을의 유일한 고등학교는 폐교되고, 마을 밖으로 고등학생이 타고 다니는 버스 노선도 채산성이 없어 폐선되고, 그렇게 인구가 줄면 병원과 택시 등 사회 인프라도 사라진다.

북적거리던 위성사무실도 철수하고, 이주자는 늘지 않고, 빈집과 경작 방치지가 늘 것이다. 인근 마을과 합병되고 최소한의 행정업무만 하는 지소만 남는다. 세수가 줄어드니 새로운 투자는 생기지 않고 그렇게 초등학교와 중학교도 없어진다.

닥쳐올 미래

- 가미야마분교 폐교(2020년)
- 공공버스(도쿠시마-가미야마) 폐선
- 계약자 부족으로 케이블TV 사업 철수
- 위성사무실 철수
- 인구감소와 재정축소를 이유로 인근 마을과 합병
- 행정업무만 유지하는 정도로 운영하고 그 외의 하드웨어 정비
  는 하지 않음
- 병원과 상점, 택시회사 철수
- 인구 2,400명(2040년)
- 중학교와 초등학교 폐교(2040년)

※출처: 2015년 마을재생전략에서 제시한 '닥쳐올 미래'

그런 답답한 미래는 상상하고 싶지도 않지만, 누구도 그런 일은
절대로 일어나지 않는다고 호언장담할 수 없는 위기 상황이었다.

3. 지방 쇠퇴에서 시작되는 교육환경 쇠퇴

사람이 줄어 마을이 활력을 잃어버리면 교육환경에도 영향을 끼
친다.

일본 인구의 정점기는 2008년이지만 아동 수는 이미 1982년부터
줄기 시작했다. 1990-2019년까지 30년간 공립초등학교 20%, 중학

교와 고등학교 10%가 통폐합으로 없어졌다. 이런 흐름은 당분간 계속될 것이다.

지역의 학교가 없어진다는 것은 무슨 의미일까. 아이들은 다른 지역의 학교에 다녀야 하고, 아이를 등교시키는 데 부담이 가중된 학부모는 아예 지역을 떠나 학교가 있는 곳에서 살려고 할 것이다.

가족 전체가 이사하지 않더라도 아이가 먼 곳으로 통학한다면 지역에서 지내는 시간은 자연히 줄어든다. 그리고 정체성이 형성되는 그 시기에 자신과 지역의 관계가 형성될 기회도 줄어든다. 초등학생과 중학생들이 형이나 누나와 소통하는 일도 줄어들고, 자기도 크면 마을을 떠나는 것을 당연하게 여길 것이다.

학교는 교육기관이자 지역 거점이다. 학교로 인해 학부모 연대와 지역주민 관계가 형성된다. 즉, 지역에서 학교가 없어진다는 것은 단순히 인구가 줄어든다는 의미가 아니라 기존에 있는 사람들의 연대가 희박해진다는 것을 의미한다.

4. 고등학교에서 시작하기

충실한 교육환경으로 지역을 지탱하기 위해서는 무엇부터 시작해야 할까.

초등·중학교의 향토교육에 힘쓰고 고등학교의 위성 캠퍼스를 유치하는 등 유소년기의 환경정비에 주력하는 마을도 있다. 각 지역과 학교 상황에 따라 그리고 참여자에 따라 실천 방법은 다양하다.

가미야마의 재생전략 '마을을 미래세대에 이어주는 프로젝트'는 고등학교에 착안했다. 그 이유를 말하기 전에 도쿠시마현립 조니시 고교 가미야마교[*]가 어떤 학교인지 설명하겠다.

가미야마교는 1948년에 생긴 농업고등학교의 분교다. 마을의 아들딸들이 다니는 '마을 학교'였다. 수차례의 학교명 변경과 개편을 거쳐 조경토목과와 생활과 2과로 구성된 전교생 90명의 작은 학교다.

조경을 배우는 학과는 도쿠시마현에서 유일하게 이곳뿐이다. 전문성을 살려 마을 정원 가꾸기를 하여 1990년 오사카에서 열린 '국제 꽃·녹지 박람회'에 출품한 적도 있다. 당시에는 조경회사의 스카우트 제의가 많아서 졸업생의 40%가 조경업체에 취업했다고 한다.

그러나 대학 진학률 상승과 교통망 발달로 마을 아이의 대부분은 마을 밖의 고등학교로 진학하게 되었다. 2016년 마을 학생의 입학률은 10% 이하였고, 마을 밖에서 90%가 입학했다. 외지 학생들은 버스를 타고 1교시 전에 간신히 도착하여 수업받고, 모든 수업이 끝나면 버스를 타고 빠져나가는 분위기였다.

마을 조상들의 이야기와 지역 비영리기관과 숲 만들기 등을 했던 시절도 있었지만, 선생님들도 지역을 빠져나가면서 학교와 지역의 관계는 서서히 줄었다. 마을 중심부에 학교가 있었지만, 지역과 동떨어진 상태였다.

---

[*]2019년 가미야마분교에서 가미야마교로 명칭 변경. 이 학교의 활동은 『마을의 진화』 8장 참조. (역주)

관계가 줄어드는 과정에서 마을이 고등학교에 주력하는 전략을 선택하게 된 데에는 몇 가지 배경이 있다.

고등학교 폐교가 육아세대의 전출 요인이 되는 것은 일반적인 현상이다. 마을로서는 버스 노선이 폐지되어 지역 공공교통에도 치명적 손실이 발생한다. 그렇게 '닥처올 미래'를 받아들일 수는 없다.

그러나 학교가 존재하는 것만으로는 충분하지 않고, 아이와 학부모들이 '가고 싶다', '보내고 싶다'고 느끼는 학교여야 한다. 당시 3년 연속 정원 미달이 이어지면서 이런 위기감과 필요성이 고조되었다.

고등학교에서 시작한 또 다른 이유는 내가 일하는 연대공사라는 조직의 특성 때문이다.

일반적으로 공립초등학교와 중학교는 마을 교육위원회, 공립고등학교는 현 교육위원회 관할이다. 관할 밖의 일을 하기는 매우 어렵다. 마을 아이들이 고등학교에 별로 다니지 않았기 때문에 학생과 학부모를 통해 마을의 의견이 고등학교에 전달되는 경우도 거의 없었다.

그때 연대공사가 지원조직으로 등장하여 기존의 틀에서는 진행하기 어려운 것을 진행했다.

여담이지만 "…라는 이유로 고등학교에 주력하고 싶습니다"라고 연대공사에서 말했을 때 마을 출신인 대표이사와 감사는 "고등학교가 중요한 것은 알지만 대부분 아이가 이 고등학교에 가는 건 아니니까 중학교부터 신경 쓰는 게 맞지 않을까요"라고 말했다.

역설적으로, 나는 그런 반응 때문에 '역시 마을 사람들은 이 고등학교에 관심이 없구나'라고 느껴 더욱 고등학교에 관심을 두게 되었다.

5. 생각이 일치하는 부분부터

그렇다고 해도 학교와의 관계를 연대공사가 일방적으로 추진할 수는 없다.

학교와 지역이 연대·협동을 시도할 때 "지역은 의욕적이지만 학교가 그 필요성을 느끼지 못해서 관계가 잘 안 풀린다" 혹은 "학교는 적극적인데 지역이 관심 없어서 충분한 인적·자금 지원이 이루어지지 않는다"는 말을 많이 들었다.

그런 식으로 생각해보면 가미야마교가 지역과 연대하고 싶다고 나선 것이 가장 큰 원동력이 된 것 같다.

이런 상황이 전개된 건 내가 마을 일을 시작하기 2개월 전이었다. 마을의 재생전략 수립 과정에서 시마네현(島根県) 아마정(海士町)에서 오키노쿠니(隱岐国) 학습센터를 운영하는 도요타 쇼고(豊田庄吾)를 학습회의 강사로 초대했다.

폐교 직전이었던 학교를 회복시켜 전국적으로 유명해진 '고교 매력화 프로젝트'를 진행했던 도요타는 면사무소와 학교가 연대하게 된 배경, 문제의식, 성과에 관해 발표했고, 자리에 참여한 사람들은 그의 발표를 듣고 모두 감동했다고 한다.

그 자리에는 가미야마교 아베 다카시(阿部隆) 교장도 있었다. 정원 미달 상황을 어떻게든 바꾸고 싶었던 차에 도요타의 발표를 듣고 시야가 넓어지는 기분이었다고 한다.

게다가 이 학습회 후에 TV 프로그램 기획으로 면사무소 공무원들이 아마정을 직접 방문할 수 있었다. 아베 교장과 마루야마 미노루(丸山稔) 선생도 '학교와 지역연대의 좋은 사례를 공유하면 가미야마에서도 변화를 이야기할 수 있겠다'는 생각으로 출장을 갔다. 절묘한 타이밍이었다.

만약 "학교의 일은 학교에서 알아서 할 테니 신경 쓰지 마세요" 라던가 "특별히 힘든 건 없는데요"라는 식의 반응이었다면 그 후의 진도를 나가기 매우 어려웠을 것이다.

제2장

지역과 학교가
진행한
네 개의 실험

1. 교실에서의 배움이 사회로 연결되지 않는다

'이 공부가 도대체 무슨 쓸모가 있을까?'

스마트폰으로 계산할 수 있는데 왜 수학을 배워야 할까. 인터넷에 널린 게 일기예보인데 왜 기상도 보는 법을 배워야 하지?

배우는 것이 즐겁고 미래의 희망도 있는 아이라면 그런 질문을 하기보다는 스스로 답을 찾으려고 할 것이다. 그러나 공부에 흥미 없는 아이는 어른들이 '배워두면 다 나중에 도움 된다'고 아무리 말해봐야 전혀 이해할 수 없을 것이다.

사회에 진출해서 갖춰야 하는 힘에서도 차이가 있다. 학교를 졸업한 신입사원에게 기업은 소통 능력이나 고객·상사·동료 등 여러 사람과 교류하며 신뢰를 형성하는 능력을 요구한다. 그런 능력은 교실에서 형성되는 것이 아니라 동아리 활동 같은 과외활동이나 학교 행사에서 습득할 수 있는 경우가 대부분이다.

그렇다면 학교생활의 대부분을 차지하는 수업 시간의 의미는 무엇일까. 나는 학교에서의 배움과 사회를 연결하고 싶었다.

아이들이 사회 구성원이라는 것을 실감하게 하려면 학교 안에서 모의선거를 하는 것보다(그것도 중요하지만) 어른과 아이가 함께 지역행사를 만드는 경험을 하는 게 훨씬 효과적일 것이다.

경력에 도움되려면 교실에서 교과서를 읽는 것보다(이것도 중요하지만) 실제로 회사를 방문하여 어른과 진지하게 이야기를 나누는 게 더 풍요로운 인생관을 형성하는 데 도움되는 행동일 수 있다.

시도하여 실마리를 찾자

앞으로 소개하는 모든 내용은 우리가 일단 해본 '시도'들이다. 시도는 '해보지 않은 일과 모르는 일을 해보는 행위'를 말한다. 물론 무작정 시작하는 것이 아니라 기본 준비는 해야 한다.

그러나 너무 완벽한 계획을 만드는 것보다는 일단 해보고 익히면서 동료와 경험을 공유하고 수정하는 과정을 거치는 것이 더 좋다. 잘되지 않으면 포기할 수도 있다.

이 모든 의미를 포함해 이 마을에서 한 시도를 '프로젝트'라고 부른다. 프로젝트는 'pro+ject', 즉 '앞으로+투영하다'라는 의미로서 결과를 보장할 수 없지만 도전하는 것을 의미한다.

인구감소 자체를 모두가 처음 경험하는 것이기 때문에 지금은 국가적으로 인구감소사회에 대처하는 장대한 '프로젝트'를 시도하는 것인지도 모르겠다.

우선, '지금', '여기'를 교재로 다양한 사람과 여러 가지 시도를 해보았다.

2. 시도 ①
현장 기반 지역 학습 '가미야마 창조학'

"학교 밖에서 학생들은 무척 발랄하다. 그런 학생들이 좀 더 실제 사회를 알았으면 좋겠다." 교사들의 이런 생각으로 가미야마교의 수업 '가미야마 창조학'이 개설되었다.

고등학교 교과과정에는 지역 특색에 맞춰 독자적으로 개설할 수 있는 '학교 설정과목'이 있다. 나는 마을의 재생전략을 수립하고 공무원과 교사들이 아마정 시찰을 끝낸 직후에 아베 교장 선생님이 "학교 설정과목이라는 제도가 있어요. 우리에게 필요한 것은 바로 그거죠"라고 말씀하셔서 가미야마교에 오게 되었다. 그렇게 2017년에 가미야마 창조학 수업이 시작되었다.

1) 마을에서 배운 것이 환영받고 있다

문제는 그 내용이다. 지역과 학교의 연결을 미션으로 실제 수업을 담당하게 되었는데, 처음에는 '앞으로의 문제해결 능력과 문제발견 능력이 중요하다'고 주장하는 교육계의 의견을 그대로 받아들여 '문제 발견력 익히기' 수업을 만들려고 했다.

그러나 문제를 발견한다는 건 외부 세계에 대한 풍부한 호기심과 자기 의견을 뚜렷하게 표현할 정도의 자신감이 필요하기에 정말 하기 힘든 작업이라는 것을 실제로 해보고서야 알았다. 최근에 탐구형 학습이란 것도 장려되는 분위기지만 이것도 마찬가지로 학생에게 받아들일 준비가 되어 있어야만 진행할 수 있는 것이다.

우선 학생과 직접 만나 이야기를 나누며 필요한 것을 찾는 것이 더 시급한 상황이었다. 일상생활에서 만나는 어른이라고 해봐야 선생님이나 부모만 있는 등 다양한 연령의 타인과 말을 나누는 게 익숙하지 않은 아이들이 많았다. 같은 학년이어도 자기 생각을 말로 전하고 여러 사람과 모여 의견을 나누는 경험은 매우 부족한 상태였다.

그래서 복잡한 모든 계획을 다 접고 우선 학생들이 이 마을에서 배우는 것 자체를 모두가 환영한다는 느낌이 들게 하는 수업을 진행하기로 했다. '수업을 통한 자기 성장'을 목표로 한 것이다.

2021년 현재 가미야마 창조학은 1학년 주 2회, 2학년 주 3회, 3학년은 과제연구라는 테마탐구형 수업을 4회 진행한다. 한 학년이 모두 같이하는 것이 기본이며 1학년 30명을 3-4명의 교사가 담당한다. 또한 나 같은 외부인이 사회인 강사로 수업 진행을 맡아 지역과 협력하는 역할을 한다. 시작한 첫해에는 사회인 강사가 나 혼자였지만, 그 후에는 네 명이 1학년과 2학년을 담당하고 있다.

1학년/2회	체험활동	필드워크·일 체험·기록

지역 현장에서 가미야마교의 학습 스타일을 익힌다

2학년/3회	팀 프로젝트	코스 프로젝트

지역과 학교 문제에 관해 팀 단위 작업 　계단식 논 '콩깍지'에서 코스별로 전문 실습

3학년/4회 (과목은 과제연구) | 마이 프로젝트 |

2년간 배운 것을 기반으로 자기 주제를 설정하여 실천하기

　교육과정에는 농업과목으로 되어 있지만 일반과목과 실습도 많다. 어느 날의 수업 모습을 보자.

　5월 중순의 수요일 오후. 1학년은 자신이 선택한 주제로 지역 현장을 방문한다.

　'생활'을 주제로 선택한 남녀 학생 6명은 마을의 상점가로 향했다. 목적지는 원래 생선 가게였던 곳을 개조한 문방구다. 30대 여성 사장님이 반갑게 맞이한다. 그녀는 나고 자란 지역을 떠나 이 마을에서 지역부흥협력대로 3년간 활동한 후 좋아하는 걸 하고 싶어서 문방구를 열었다. 자신만의 감성으로 꾸민 독특한 문구들을 본 학생들은 눈을 반짝거렸다.

　이 마을에 정착하게 된 과정과 사는 모습을 보고, "내부 장식에는 빈집에서 나온 옛날 물건도 있어요"라는 가게 만들기의 뒷이야기도

속칭 '가미야마의 아버지'인 이와마루 기요시(岩丸潔)와 대화하기

열심히 귀담아듣는다.

한바탕 이야기를 나누고 서툰 인사를 하며 가게를 나온다. 다음은 10미터 정도 거리에 있는, 마을에서 나고 자란 60대 후반의 할머니가 운영하는 의료품점으로 간다.

"응응, 어서들 와요"라며 반갑게 맞아주신다. 마치 옛날 상점가에 있는 것처럼 옛날이야기에 귀 기울인다.

"옛날에는 소쿠리 가게도 있었지."

"소쿠리 가게가 뭔데요?"

할머니와 그런 식으로 대화하면서 주변의 가게가 없어진 일과 사람들이 새로 이주하게 된 변화, 그리고 그 모습들을 어떻게 느끼는지 알게 된다.

현장학습을 마치고 학교에 돌아오면 각자의 감상을 적어 공유한다. 같은 시간을 보냈더라도 재미있게 느낀 것과 인상적인 장면은 모두 다르다. 그 다름을 체험하는 것이 이 수업의 핵심이다.

그리고 '질문을 잘하지 못했다'고 아쉬워하며 다음 주 인터뷰 연습을 하고 다른 장소를 방문한다.

2) 기르고 싶은 세 개의 힘

가미야마 창조학 수업은 지역 현장에 나가기도 하고 주민 인터뷰도 한다. 그러나 마을을 아는 것이 목적은 아니다. 수업을 통해 기르고 싶은 힘은 이런 것이다.

"가미야마 창조학 수업에서 모두가 익혀야 할 3개의 힘이 있어요. 첫째, 전달하는 힘이에요. 내 생각과 감정을 상대에게 전달할 수 있어야 합니다. 그룹 발표나 전체 발표를 할 기회가 많을 텐데 처음부터 잘하지 못해도 괜찮아요. 수업은 연습하는 것이니까 실패도 하면서 계속 단련하면 돼요.

둘째, 협동하는 힘이에요. 사회에 나가면 혼자 일하는 경우는 거의 없어요. 나이와 경험이 다른 다양한 사람들과 함께 일하게 되죠. 이 수업이 팀 단위로 이루어지는 이유는 친한 친구 외에도 다양한 다른 사람과 대화하고 협력하면서 현실을 아는 경험을 하길 바라기 때문이에요.

마지막은 심화하는 힘입니다. 수업하면서 느끼겠지만 그저 '즐거웠다' 하고 끝내는 것보다는 어떤 즐거움일까, 내가 들은 이야기는 실제 생활과 어떻게 연결될 수 있을까 하며 나와 사회에 관해 깊이 생각하며 새로운 발견을 하길 바래요."

이 3개의 힘을 학기마다 강조하기 때문에 이젠 학생들도 익숙해졌다. 3개의 힘을 종합하면 '타인과 관계하면서 자기 생각으로 세상을 알아가기 위한 기본적인 힘'이라고 할 수 있다.

3) 실천의 장을 경험

1학년 가미야마 창조학 수업은 어느 정도 프로그램을 갖고 진행하지만, 2학년부터는 학생 스스로 팀을 만들고 주제를 선택한다. 3학년이 되면 개인의 독자적인 프로젝트 수업을 진행한다. 무엇보다 중요한 것이 '실천의 장을 경험하는 것'이다. 나의 '실천하는 장을 가지는 것'이 중요하다.

그동안 보아왔던 소위 문제 해결형 수업들은 조사하고 가설을 세워 적당한 대안을 발표하면 적절한 논평을 받고 거기서 끝난다. 그러나 그렇게만 끝나면 너무 아까우므로 제안만 하는 것으로 끝내지 않고 실패해도 스스로 도전해보고 무슨 일이 일어나는지 직접 해봐야 그게 진정한 배움으로 이어질 수 있다. 젊으니까 도전할 수 있는 것이다.

무슨 일이 어떻게 발생할지 교사도 코디네이터도 알 수 없다. 오히려 학생들이 하는 것을 함께 즐기면서 곁에 있어 주는 느낌이다.

4) 누군가 억지로 시키는 것 같은 마을 축제를 바꾸고 싶다

인상적인 에피소드를 소개하겠다.

2학년에게 팀 프로젝트 주제를 물어봤더니 "뭘 팔고 싶어요", "모두 협력하여 하나의 작품을 만들고 싶어요", "마을 축제에서 뭘 하고 싶어요"라는 의견이 많았다.

그래서 마을에서 매해 11월에 열리는 추수제 겸 문화제인 '신농제(神農祭)'를 하나의 주제로 정했다. 보통 문화제는 학급위원장과 행사위원이 학급에서 출품할 물건을 정해서 "똑바로 해!"라고 언성을 높이며 방과후 시간에 준비한다.

그러나 가미야마교에서는 학급 단위로 물건을 출품하지 않는다. 전시물과 채소 판매 부스 등 콘텐츠를 먼저 정하고 교사가 학급과 관계없이 학생 역할을 정한다.

그런 방식인 걸 알았을 때 의아하게 여겼더니 어느 교사가 이렇게 말했다.

"학생과 교원이 적은 학교여서 할 수 있는 것에 한계가 있어요. 학생에게 맡겨도 좀처럼 잘 안되거든요. 결국 교사가 모든 결정을 할 수밖에 없죠."

신농제 주제에 관심 있는 학생 7명이 바로 모여서 회의를 진행했다. 교사들의 고민을 알지 못하는 그들은 자기들이 출품할 물건을 정하지도 못하고 교사가 주도하는 운영 방법에 불만을 품게 되었다. 그래서 "누가 억지로 시키는 것 같은 마을 축제를 바꾸자"라며 움직이기 시작했다.

우선 학생 의견부터 조사했다. 그런데 조사 내용을 선생님들이 지적했고 조사 자체가 진전되지 않았다. 최종적으로 '신농제 당일의 시스템을 바꾸는 것은 불가능하다'는 결론에 다다른 그들은 그 대신에 전야제가 아니라 전중제(점심)를 열기로 했다.

인기 아이돌그룹이 폐기 예정 식자재로 요리하는 TV 프로그램 '0엔 식당'을 마을 버전의 '0엔 시시나베'*로 만들었다.

면사무소, 휴게소, 음식점을 찾아가 식재료를 부탁하여 배추, 표고버섯, 생강, 양배추, 두부, 곤약 등을 받았다. 행사 당일 점심에 다섯 되의 쌀로 밥을 짓고, 찌개 120인분에 디저트로 러스크를 제공했다. 푸른 하늘 아래 잔디밭에서 전교생과 교사들이 둘러앉아 그렇게 점심을 먹었다.

이 모든 일을 하고 난 후, 학생들이 하는 말들은 경험 그 이상의 배움이었다.

"대부분의 기획이 이미 결정된 상태에서 선생님이 '바비큐가 없

---

*냄비 요리. (역주)

18가지 재료가 들어간 시시나베를 전교생이 만들어 먹는 모습

잖아'라고 말해서 힘이 빠져 포기하려고도 했어요. 하지만 목적에
집중했죠. '바비큐를 할 때가 아니다. 시켜서 하는 것이 아니니까
원래 목적 달성을 위해 시시나베로 바꾸자'고 결정했어요.

　행사 당일에 모두 즐겁게 먹고 '맛있다'고 말해줘서 보람을 느꼈
어요. 예전에 축제를 준비할 때보다 의견도 많이 내고 적극적으로
행동할 수 있게 되었어요."

　"가미야마 사람들의 친절함을 배웠어요. 원래 예상했던 것보다
훨씬 많은 재료를 받았어요."

　"반성할 점이 많긴 한데 어찌어찌 성공했네요. 어떻게든 성공해

야겠다는 생각도 했어요. 이번에 실패하면 내년에는 없어지고 못

할 테니까요. 앞으로도 계속하고 싶어요."

2개월 후에 열린 프로젝트 보고회에서 그들은 후배들에게 "자기가
하고 싶은 일에 도전하길 바란다"라고 말했다.

행동의 원동력이 반드시 적극적인 동기에서만 나오는 것은 아니
다. '이건 이상한데'라는 느낌을 놓치지 않는 것도 매우 중요하다.
규칙과 관습은 누가 어느 시점에 정한 것일 테니 누군가 바꿀 수도
있는 것이다.

가미야마 창조학은 '내가 할 수 있는 것을 찾아서 실천하는 수업'
이다. 고등학생에게 제일 가까운 학교라는 사회를 스스로 개선하고
바꿀 수 있다는 실감과 그것을 실천하는 데 필요한 순서를 배우면
좋은 것이다.

5) 수업을 경험하며 점점 전진한다

수업에서 할 수 있는 것은 어디까지나 계기 만들기다. 이를 느끼게
해주는 사례도 있다.

소그룹으로 나누어 활동하면 학생의 집중력이 떨어지거나 대화가
잘 이어지지 않는 경우도 있다. 그때 어떤 남학생이 "저기 말이야. 아
카오 사무실에서 아르바이트할 수 있을까?"라고 무심히 말했다.

아카오는 연대공사에서 같이 일했던 여성 건축사다. 말을 꺼낸 남

학생은 1학년 가을에 아카오의 사무실에서 2일간 일 체험을 했다.

내가 "아르바이트 하고 싶니?"라고 묻자 "돈 벌면 좋잖아요"라며 가볍게 말했다. 그런데 결국 이 일을 계기로 그는 다음 해 여름방학에 1주일간 아카오의 사무실에서 인턴을 하게 되었다. 그리고 졸업 후에 도쿠시마현의 사립대학 건축학과에 진학했다.

그때 그의 말을 무시하고 수업을 우선 진행하며 "그런 얘기 하지 말고 빨리 공부나 해"라고 했다면 어떻게 되었을까. 중요한 것은 이런 무심한 이야기라도 귀 기울여 들어주는 것이다.

빵집에서 일 체험을 한 어느 학생은 빵집 직원이 농담처럼 "나중에 우리 빵집에서 아르바이트할래?"라고 말한 것을 계기로 나중에 정말 아르바이트를 하게 되었다. 모두가 아는 것처럼 빵집은 아침 일찍 시작한다. 그 학생도 평일 오전 6시부터 2시간 정도 준비 작업을 돕고 등교한다고 해서 놀랐다.

수업 시간에 할 수 있는 것은 아무래도 한계가 있다. 거기에 만족하지 않고 흥미를 찾은 학생이 스스로 지역에 더 가깝게 다가서도록 계기를 마련해주는 것이 중요하다.

6) 비선형적인 배움은 무엇인가

학생의 흥미와 관심을 지켜보면서 수업을 진행하는 것은 꽤 보람 있는 일이지만 성적평가는 정말 고민이었다.

나는 사회인 강사로서 수업을 담당하지만 교원 자격증도 없고 교육학 전공자도 아니다. 첫해 1학기 말에 교사로부터 "성적평가를 부탁합니다"라고 들었을 때 무척 당황스러웠다.

학생 각자가 다양한 경험을 하고 성장했을 테니 "모두 100점"이라고 말하고 싶었다. 그러나 교육과정이므로 평균 점수를 50-70점으로 해야 하는 규정이 있다. '그렇다면 전원 70점을 줄까'라는 생각도 잠시 했다.

성적평가는 학생과 교사가 무엇을 중요하게 여기는 수업인지 인식하는 기회라고 생각해서 핵심 가치를 생각해보았다. 그렇게 나오게 된 것이 앞서 말한 전달력, 협동력, 심화력이다. 이런 힘들은 어떻게 측정할까. 측정할 수나 있는 것인가.

어른들 세계에서 평가는 인사이동과 급여로 연동되고 그것을 근거로 상사와 면담하는 과정으로 진행된다. 민간기업뿐만 아니라 교육 현장에서도 교사를 평가하는 기회는 있다. 그런데 학생이 평가할 기회는 없다.

학교와 사회를 연결하고, 학생의 흥미와 관심을 중심으로 수업을 진행한다면서 성적평가 때가 되면 어른이 일방적으로 점수를 매기는 것은 불공평하다는 생각이 들었다.

학생 스스로 성장 정도를 자각하고 본인이 자각하지 못한 점은 교사가 보완하면 좋겠다고 생각했다. 결과로서의 성적평가가 아니라, 느끼고 배우는 과정을 포함한 성적평가를 하고 싶었다.

결과적으로 지금도 가미야마 창조학은 학생의 자기평가와 작문 과제를 루브릭* 방식으로 조합하여 성적평가를 한다.

예전에 오카야마현에서 개최된 교원 학습회에 참가했을 때 학생의 자기평가를 성적평가에 넣자고 제안했더니 "자기 점수를 늘 높게 매기지 않을까요?"라는 우려를 들은 적이 있다.

그런데 실제로는 그 반대 현상이 나타난다. "저는 여기까지 달성했습니다"라고 자신 있게 말하지 못하는 학생이 대부분이었다. 스스로 가혹하게 부정적으로 평가하는 그들을 보며 안타까웠다.

후쿠이현 사바에시 JK과 프로젝트**에 관여한 게이오기주쿠대학의 와카신 유준(若新雄純)은 어떤 온라인 이벤트에서 '시골에서의 배움은 비선형'이라고 말했다.

"시골에는 아직 콘텐츠로 만들어지지 않은 예측 불가능한 것이 넘쳐난다. 그것들을 통해서 얻은 배움은 그 사람 개인의 것이기 때문에 누구에게도 빼앗기지 않는 평화로운 배움이다"라는 취지의 말이었다.

학생 각자가 각기 다른 것을 다양하게 배우는 가미야마 창조학

---

* 루브릭(rubric)은 평가 방법의 하나로서 항목과 평가 기준을 자유롭게 설정하는 방법이다. (역주)
** 사바에시 JK(여고생을 일어로 Joshi Kōsei라고 부름)과는 2014년부터 '시민중심조례'를 제정하는 등 시민참여 중심의 마을 만들기를 진행했다. 지역의 JK들이 자유롭게 아이디어를 제시하고 시민, 단체, 기업, 대학, 미디어 등과 협력하여 자신들의 마을을 즐기는 기획과 활동을 많이 하고 있다. 2015년에 마을만들기 우수상(총무대신상)을 받았으며, 2023년 2월 현재 9기 회원을 모집 중이다. 홈페이지(https://www.city.sabae.fukui.jp/about_city/shiminkyodo/sabae_jk-kaproject/JKProject.html) 및 영상(https://www.youtube.com/watch?v=9v3_lfGhvhI) 참조. (역주)

수업이야말로 비선형적인 배움인 것 같다.

학생도 교사도 도전할 수 있게 되었다

교사들은 이런 움직임을 어떻게 평가할까.

가미야마 창조학 수업을 계속 함께 만들어온 분이 있다. 거뜬히 네 명분의 일을 한다고 자타가 공인하는 지도교사이자 농장장인 마루야마 미노루(丸山稔)다.

질문 창조학을 가르치며 어떤 보람을 느끼셨나요?

마루야마: 학생들이 발표와 토론을 할 수 있게 되었어요. 전에는 그룹 대화 방식을 해본 적이 없어요. 교사가 한 명 한 명을 지적하면 그제야 마지못해 의견을 말하곤 했었지요. 그런데 해보니까 '아, 할 수 있는 것이었구나' 하고 실감하게 되었어요.

교사도 계속 새로운 것을 시도하며 진화하는 것 같아요. 학교는 무언가를 시험해보는 곳이라는 걸 실감했어요. 힘들긴 하지만 이 수업을 계기로 학생도 교사도 도전할 수 있게 되었어요.

정말 많은 경험을 각자 잘 축적하고 있는 것 같아요. 솔직히 말하면 처음에는 나 혼자뿐이었어요. 혼자 다 못하니까 도움을 요청했더니 도와주겠다는 교사들이 나오게 되었죠.

신입생 합숙을 진행하는 마루야마 선생

수업 제안을 하거나 자청해서 하겠다며 나서는 분들도 생겼어요. 이제는 팀 가미야마 창조학으로 진화하는 것 같아요.

질문 1년 차에는 농업과 교사 세 분과 제가 창조학 수업을 만들었는데 선생님께서 2년 차부터 농업과뿐만 아니라 담임 선생님도 들어와야 한다고 제안해주셨지요?

마루야마: 창조학은 경력교육 요소도 많고 활동과 평가 과정에서 학생의 흥미를 파악할 수 있는 수업이에요. 그걸 담임 선생님도 봐야 한다고 생각했어요.

담임 선생님은 학생의 상황과 건강도 체크하는데 이 수업은 밖에 나갈 기회가 많기 때문에 부상이나 각종 위험을 고려하면 가정과 직접 연락할 수 있는 담임 선생님이 들어오는 편

학교, 로컬을 만나다

이 훨씬 안심되죠.

질문 창조학을 시작하기 전에도 마루야마 선생님은 학생과 지역에 나가서 활동을 많이 하셨는데요. 특별한 계기가 있었나요?

마루야마: 이 학교에 온 지 1년이 되던 2014년은 제가 교사 생활을 한 지 10년 차였을 때라 뭘 새로 시작하고 싶진 않았어요.

그런데 그다음 해에 학교 근처 숙박 시설의 사장님이 제안해서 우연히 정원 만들기를 하게 되었어요. 농업과 교사의 전공도 각각이라 그때에는 정원 설계를 할 수 있는 사람이 나뿐이었어요.

사장님으로부터 예산을 듣고 학생과 도면을 그리고 공사 일정을 잡고 그랬어요. 학생들도 공부 같지 않으니까 재미있어하더라고요.

그 무렵부터일 거예요. 학생들을 데리고 밖에 나가서 실습하게 되었어요. 예전의 의욕이 되살아났다고나 할까. 지금도 정원을 만들었던 그 숙박 시설에는 신입생을 데리고 가기도 해요. 학생이 꽃을 심기도 하며 유지관리하고 있습니다.

질문 마루야마 선생님은 지역 현장에 나가는 것에 적극적이신데요. 그 원동력은 뭘까요?

마루야마: 원래 교실에 얌전히 앉아서 글 쓰거나 계산하는 걸 못하는 체질이에요(웃음). 사람을 웃기거나 모임 분위기를 띄우

는 게 체질이고 장점이죠.

그게 가능한 건 학교보다는 학교 밖이에요. 밖에는 칠판이 없으니까 마음대로 떠들 수 있죠. 내 스타일대로 하는 겁니다.

저는 기본적으로 종이시험을 치지 않아요. "실패해도 괜찮아"라며 수업에 임하는 태도나 물건 만들기의 완성도를 근거로 성적을 매깁니다. 의지와 행동력은 눈에 보이니까요.

질문 예전부터 그런 스타일이셨나요?

마루야마: 예전엔 그렇지 않았죠. 아와지시마의 청소년 시설에서 체험학습법을 배운 경험 때문인 것 같아요. 그전에는 교과서에서 문제를 내는 종이시험을 보거나 실습도 학교 안에서만 했어요.

마루야마 선생은 도쿄농업대학 출신으로 임업을 전공했다. 대학을 졸업하고 3년간 가미야마교에서 강사를 한 후에 정규 교원이 되어 다른 학교에서 근무하고 다시 3년간 가미야마교에서 근무했다.

그 후에 다른 농업고교, 교육위원회, 교직원조합, 아와지시마 청소년 시설에서 근무하고 2014년 약 20년 만에 가미야마교로 돌아왔다.

학생들을 위한 것이라면 물불 안 가리는 열혈 교사다. '삼림여자부' 동아리의 고문도 맡고 있다. 이 동아리는 삼림'여자'라고 부르지만, 남녀 누구나 가입할 수 있다.

삼림여자부는 어느 한 학생이 수업 중에 "임업 하는 여성을 만나고 싶다"라고 말한 것이 계기가 되어 마루야마 선생이 학생들을 데리고 여성 임업가를 만나러 가면서 만들어졌다.

지금은 가미야마 목재를 홍보하는 미션을 실천하는 가미야마교의 대표 동아리가 되었다. 방과후에는 학교 근처 코워킹스페이스의 허브랩에 모여 레이저 커팅기를 자유자재로 사용하여 목재를 가공하고 키홀더 등을 제작한다.

언제나 수업을 도와주는 사진작가 곤도 나오(近藤奈央)는 학생들과 너무 가까워져 이젠 학생들이 '남'이 아니라 '옆집 아이' 같다고 말한다.

"고등학교 근처에 살지만, 만나지 않으면 가까워질 수 없어요. 수업을 통해 아주 친해졌어요. 홍보물을 보면서 '얘는 내가 아는 애군' 하면서 생각하기도 하고, 학교에서 벨이 울리는 소리가 들리면 '수업 시작했구나'라고 생각하기도 하죠. 그렇게 친해져서 너무 좋아요."

이렇듯 가미야마 창조학은 학교와 지역의 일상을 이어주고 있다.

3. 시도 ②
씨앗으로 경관을 만들다, '도토리 프로젝트'

현장실습 수업을 진행하고 지역주민을 강사로 초대하는 학교는 매우 많다. 다만 이런 종류의 프로그램은 무상이나 염가로 부탁하는 경우가 대부분이다.

협력하는 쪽에서는 미래가 있는 젊은이에게 투자하고 응원하는 의미로 호의를 보이고 싶지만, 업무 시간에 별도의 시간을 내는 건 부담스러운 일이다.

거꾸로 지역이 요청하면 학교가 응답하는 식으로 진행되는 경우도 있다. 마을 청소나 축제 등의 지역행사에 교사와 학생이 참가하는 식이다. 나도 고등학생 때 전교생의 학교 주변 청소 행사에 참여한 기억이 있다.

그 일 자체는 좋은 것이지만 학생이 단순한 노동력이 되지 않도록 주의할 필요가 있다. 시켜서 하는 느낌이 들면 학생도 불만일 것이고, 지역주민으로서도 별로 기쁜 일은 아니다.

따라서, 학생과 지역 모두에게 가치 있는 프로그램이 있어야 한다. 물론 그 균형을 맞추기는 매우 어렵다.

가미야마 창조학 수업을 만들기 전에 학교와 연대공사는 몇 개의 프로그램을 시도했다. '도토리 프로젝트'와 '손자 손 프로젝트'다. 두 프로그램 모두 지역의 요청에 학교가 답한 활동이지만 그 안에는 학습 요소가 많이 들어 있다. 도토리 프로젝트는 수업이었고, 손자 손 프로젝트는 유료 봉사활동이었다.

1) 지역의 일손과 자원으로 만들기

도토리 프로젝트는 매우 귀여운 명칭이지만 산속에서 주워온 여러 씨앗을 학교 온실에서 길러 건설 중인 주택의 정원에 심고 녹지를 만드는 식재 공사 프로젝트다. 건축사와 조경가의 지도를 받으면서 모든 과정을 진행한다.

이 프로젝트는 마을의 주거환경 문제에서 시작되었다. 가미야마에는 이주 희망자에게 바로 빌려줄 수 있는 집이 부족했다. 그나마 있는 빈집은 마루와 기둥이 상해서 보수비용이 많이 들어 빌려주기도 힘들었다. 한편 아이들이 줄어들면서 방과후 학교에서 돌아온 아이들이 같이 놀거나 서로 도와주는 환경도 생기기 힘든 상태였다.

그런 배경에서 '마을을 미래세대에 이어주는 프로젝트' 사업의 하나로서 육아세대 대상의 공동주택 짓기가 시작되었다.* 8개 동 20호 공동주택을 짓고 부지 내에 마을 문화시설을 정비하는 사업이었다.

다만 이 공동주택 만들기는 지역의 일손과 자원으로 만드는 것이 원칙이어서 모두 함께 주택의 모습과 용도를 의논했다.

일반적으로 수억 엔 규모의 대규모 건축 공사는 건설회사에 발주한다. 그러나 마을에는 그런 대형 회사가 없다. 그렇게 되면 마을

---

*공동주택에 대해서는 『마을의 진화』 7장 참조. (역주)

공동주택 전경 [나마즈 마사타카(生津勝隆) 제공]

밖의 건설회사에 발주하여 건설 비용이 외부로 흘러가 버린다. 비용을 맞춘다고 저가의 수입 자재를 쓸 수도 있다. 주변 산에는 벌목할 때가 도래한 나무가 지천인데 말이다.

그래서 외부 업자에게 하청을 주지 않고 마을 안에서 목수업을 하는 사람들이 직접 시공할 수 있도록 분동형 건축물을 설계하고 개발 기간을 4년으로 장기적으로 잡았다.

또한 지역의 목재를 이용할 수 있도록 마을 자재인증제도도 새롭게 정비했다. 이 제도는 광역 단위에서는 채택하는 편이지만 기초 지자체에서 채택한 경우는 거의 없다.

그 연장선상에서 마을에서 씨앗으로 자재를 만들고자 했다.

2) 공공사업에 고등학생이 참여하다

경관 디자이너 다세 미치오(田瀨理夫)가 공동주택 설계에 참여했다. 나는 한동안 후쿠오카에 살았기에 그가 그 유명한 '아크로스 후쿠오카'*를 만든 사람이라고 해서 놀랐다.

다세는 "자생식물은 토지의 기후와 토질 등 여러 요인을 받아들이며 자라 지역경관을 만듭니다"라고 말한다. 산기슭에 들어앉은 것처럼 세워진 공동주택도 가미야마다운 경관의 하나로 조화롭게 지어지는 것을 목표로 한 것이다.

문제는 그 녹지에 심을 식물을 어떻게 마련하는가이다. 마을에 작은 묘목 가게가 있었지만, 부지 전체에 심을 만큼의 식재는 없었다. 면사무소와 설계자의 회의에서 "농업고등학교에 조경을 배우는 학생들이 있잖아"라는 얘기가 나왔다. 온실도 있으니 학교에서 묘목을 길러보자는 의견도 나왔다. 때마침 가미야마 창조학 실현에 대해 의논하던 때였다.

고도경제 성장기에 번성한 조경업 때문에 가미야마교는 1974년 토목과를 개설했다. 도쿠시마현에서는 가미야마에 유일하게 조경과가 있다. 그렇다고 해도 '조경'이라는 단어를 바로 알아듣는 중고생은 많지 않을 것이다. 마당이 있는 내 집이 동경의 대상이 되는 시

---

*아크로스 후쿠오카(アクロス福岡, https://www.acros.or.jp)는 후쿠오카시의 유명 복합 시설로서 계단형 옥상정원으로 유명하다. 후쿠오카의 산에 자생하는 초목으로 만들어 평균 준공 기간보다 3배 이상 걸린 대공사였다.

절이고 보니 그나마 몇 개 있던 마을의 조경 가게도 꽤 줄었다.

이런 때에 일부러 조경을 배운다는 것은 어떤 의미일까. 그걸 실제 사회와 연결하여 생각해볼 필요가 있다는 생각이 들었다. 그렇게 도토리 프로젝트가 시작되었다.

조경업에 유용한 묘목의 생산기술을 배우고 동시에 조경 과정에 설계·목공·미장·배관 등 많은 일이 얽혀있음을 배운다는 의미도 있다.

마침 가미야마 출신이자 시코쿠 식물에 정통한 비상근 교사 가타야마 야쓰오(片山泰夫) 선생님의 도움으로 학교에 제안하여 3개월 뒤에 수업을 시작했다.

3) 씨앗에서 묘목을 키워 마을의 경관을 만들다

학생들이 땅에 떨어진 도토리를 줍거나 나무를 흔들어 열매를 모으면서 '이것은 뭘까? 저건 뭐지?' 하며 돌아다닌다. 내 머릿속에는 애니메이션 〈이웃집 토토로〉의 배경음악이 맴돌았다.

자연 속의 보물찾기로 어른도 학생도 모두 즐거워했다. 멋진 사슴뿔이 떨어져 있는 것을 발견했을 때는 모두 "사슴뿔이다!"라며 흥분했고, 처음 발견한 학생은 자랑스럽게 뿔을 들고 집에 갔다.

종가시나무, 가시나무, 졸참나무, 상수리나무 등 도토리 종류도 여러 개였다. 도토리를 줍는 시기는 가을이기 때문에 쥐똥나무, 병꽃나무, 광나무, 찔레나무, 철쭉나무, 흰병꽃나무, 계수나무 등 꺾꽂이용 가지도 모았다.

학생들이 모은 많은 양의 도토리

모은 도토리를 하룻밤 물에 담가 벌레를 잡아내고 잘 심었다. 꺾꽂이용 묘목은 가지와 입을 적절하게 잘라서 뿌리가 잘 내리도록 포트에 심었다.

심은 씨앗과 묘목의 종류, 날짜 그리고 작업한 학생이 본인 이름을 쓴 스티커를 붙이면 완성이다. 학교 온실에서 물을 주며 성장을 지켜본다.

그로부터 수개월이 지나면 튼실하게 키운 묘목을 공사 현장에 가져간다. 설계사와 시공업자에게 가르침을 받으면서 대나무로 만든 울타리를 만들고 일정한 간격으로 하나하나 정성스럽게 심는다.

이렇게까지 1년 반. 이미 학교도 변하고 있었다. 녹지 만들기에 참여한 학생의 감상문을 몇 개 소개한다.

"산과 숲속에서 알게 된 것. 같은 나무로 보이지만 다른 나무다. 여러 사람과 함께하니 항상 보던 경치도 다르게 보이는 느낌이다."

"내가 심은 작은 씨앗에서 싹이 트다니! 감동했다."

"여러 곳에 가서 도토리와 이름 모를 씨앗과 나무를 보고 줍고 조사했다. 알지 못하고 본 적 없는 것을 조사하는 것이 재미있었다. 시켜서 하는 것이 아니라 스스로 움직이고 찾는 것이 즐겁다."

"주워 온 나무의 씨앗을 하나 맛보았다. 아몬드처럼 고소한 냄새가 나고 쓴맛이 강했다. 맛없지는 않았다. 그런데, 다음 날 배가 아팠다."

5년간 총 70종, 5,700개 포트가 넘는 묘목을 키웠다. 매일 만들어진 기성품을 사용하던 학생들이 산에서 이런 축복을 나눠 받고 스스로 하나부터 만들어가는 경험을 하면서 사회에 대한 목표나 시각이 풍부하게 되었다.

이 마을이 해낸 것이어서 의미 있다, 아카오 소노카

마을의 공공사업에 고등학교가 참여한다. 회사 견학과 출장 수업을 동시에 하는 셈이다. 면사무소의 담당 공무원 바바 다쓰로(馬場達朗)는 애초에 그럴 생각은 아니었다고 말했다.

"행정은 언제나 정확하고 안전하게 세금을 헛되이 쓰지 않는다는 것이 원칙입니다. 고등학생이 시공에 참여하면 품질은 누가 보증할 것이며 하자가 생기면 누가 수습할 것인가, 그 후의 식재 관리는 어떻게 할 것인가 등의 문제가 발생할 수 있습니다. 발주처 입장에서는 납품을 보장받을 수 없는 상황인 거죠."

그러면서도 지역주민의 참여에 대한 강한 의지도 있었다.

"누가 만들었는지 모르는 것이 아니라 '내가 했다', '누가 만들었다'는 식의 과정에서 더 좋은 시설이 만들어질 거라는 생각도 들었습니다. 함께 만들면 관심과 애착이 커질 테니까요."

발주처인 면사무소 그리고 수주처인 외장 공사 사업자들과 회의를 반복하면서 도토리 프로젝트를 실현하게 되었다.

프로젝트 시작부터 마을 출신의 일급 건축사 아카오 소노카(赤

尾苑香)가 함께했다. 아카오는 오랫동안 근무했던 건축사무소에서 독립한 직후에 연대공사의 제안을 받았다. 지역을 위한 일을 하겠다며 당시 개업한 자신의 설계사무소를 자청하여 폐업신고하고, 공사의 주거환경 만들기를 담당했다.

도토리 프로젝트뿐만 아니라 공동주택 건축 자체가 도전의 연속이었다. 공사 기간을 일부러 분할하기도 하고 마을 자재를 쓰기 위해 분리발주로 먼저 사서 보관하기도 했다. 면사무소나 시공업자 모두 처음 시도하는 것이 많아서 작업 기간이 늘거나 시공 내용이 변경되는 일도 많았다.

날마다 바뀌는 작업 과정에서 씨앗 상태와 날씨를 보면서 학교 수업을 통해 프로젝트를 진행하기란 결코 쉬운 일이 아니었다. 어떤 생각으로 진행해왔던 걸까. 면사무소와 현장과 학교를 연결해온 아카오에게 물어보았다.

질문 마을의 공공사업에 고등학생이 참여하는 걸 보면서 좋았던 점은 무엇인가요?

아카오: 지역 사람이 만든다는 원칙이 더 확장된 느낌을 받았어요. 전문가뿐만 아니라 고등학생도 참여한 것이니까요. 지역 주민이나 이주자들도 "저기는 고등학생이 만든 정원이지?"라며 좀 더 친근하게 느낄 수도 있고요.

묘목 납품뿐만 아니라 현장 식수 등의 과정에는 외장 공사를 수주한 업자의 이해와 협력이 필요해요. 수업 감독 업무는 계약서에도 들어있긴 하지만 그 시간에 자기 일이 아닌 다른 일을 하는 거니까요. 그렇게 목수와 조경업자도 현장 수업에 참여하여 설명하는 등 협력해주었어요.

면사무소로서도 공공건설 공사를 지역에 개방하여 고등학생과 함께 진행했다는 선례를 만든 것이니 나름대로 의미 있죠.

다른 사례가 있는지 모르겠지만, 나는 '가미야마에서' 해낸 일이기 때문에 의미 있다고 느껴요. 이후에도 이런 식의 일을 누가 하자고 하면 해봤으니 또 할 것 같아요.

질문 학교와 협력이 잘 이루어진 것 같은데 교사들의 반응은 어땠나요?

아카오: 뭔가 '제발' 부탁한다는 느낌이었어요. 묘목은 늘 키우는 것이어서 힘들지 않은 작업이었고요. 물론 '씨앗부터 만든다'는 과정은 익숙한 것은 아니었지만요.

다만 진행 중인 건설·식재 공사라서 한정된 기간에 필요한 양의 묘목을 만들어야 해서 어려운 부분이 있었고, 학생들에게 배움을 주어야 하는 게 힘들기는 했죠. 나는 교육학 전공자가 아니어서 건축·건설의 사고방식과 교육을 합치는 것도 어려웠어요.

질문 그 어려움은 무슨 의미인가요?

아카오: 지역의 씨앗으로 식재를 만드는 일의 가치와 그것이 학생

에게 배움이 되어야 한다는 것은 차원이 다른 이야기죠.

지역산 자재를 만든다는 의미를 충분히 이해하지 못하면 그저 단순한 묘목 만들기와 심기 작업이 되어버려요. 하나하나의 의미를 충분히 설명하고 싶은데 수업 시간은 제한되어 있잖아요. 그래서 매번 시행착오를 겪는 기분이에요.

충분히 의미를 잘 전달하지 못한 것에 비해 학생들은 "씨앗은 이렇게 크는구나", "이렇게 많은 종류가 있네"라며 스스로 잘 느끼는 것 같아서 다행이에요. 오히려 내가 '전부 가르치지 않아도 알아서 잘 배우는구나' 하고 배웠어요.

평소에 고등학생과 만날 일이 없어서 어떻게 만나야 하는지 방법도 몰랐는데 오히려 의도를 가지고 접근하면 반응이 없고 자연스럽게 해야 반응이 오더라고요. 늘 내가 많이 배워요.

"나도 씨앗 만들기는 처음이었습니다"라며 웃는 아카오. 기다리지 않는 공공사업과 학생 20명과의 수업. 많은 관계자의 일정과 협력 내용을 챙기는 아카오라는 존재가 없었다면 5년간 이 프로젝트를 지속하지 못했을 것이다.

학교, 로컬을 만나다

학생과 울타리를 만드는 아카오

기른 묘목은 집과 길에 자연스러운 간격으로 심는다

4) '지금'이 교재다

공동주택 건설은 2020년 완료했고, 지금은 식재 공사를 마무리하는 단계다. 참여한 교사들은 "산에 가려면 시간도 걸리고 작업량도 많아 수업 시수를 조정하는 게 큰일이었다"라고 고충을 토로했다. 그러나 "씨앗으로 묘목을 키운 경험은 재미있었다"라며 이후에도 계속하고 싶다고 했다.

이렇게 만든 식재지는 지역 종묘의 모수원이 된다. 앞으로는 공동주택 부지에서 씨앗과 가지를 채취할 수 있기에 이전보다 시간을 단축할 수 있다. 또한 온실에서 생산을 계속하는 것은 필요한 자재를 조달하는 부분만 명확히 해두면 된다.

면사무소에서 매년 식재 공사가 나오진 않을 것이다. 그 이야기를 듣고 면사무소에서는 "식재 공사뿐만 아니라 벌채 후의 조림을 위한 사업도 함께할 수 있다"라는 아이디어를 제시했다. 그렇게만 되면 매년 일정한 묘목 수요를 확보할 수 있다.

가미야마의 산림은 삼나무와 편백나무 인공림이 약 70%를 차지하고 있어 나뭇잎이 산의 보수력을 유지한다. 산을 원래 상태로 되돌리는 일이 지금 마을의 큰 과제다. 아니, 일본 전체의 과제다. 따라서 '지금'을 교재로 지역과 학교가 힘을 합치고 있다.

도토리 프로젝트의 창시자이며 공동주택 경관 디자인을 담당한 다세(田瀬)는 "하면 할수록 잘되는 일을 하는 것이 좋다"라고 말했다.

학교, 로컬을 만나다

4. 시도 ③ 학교에서 익힌 기술을 살려 일하 다, '손자 손 프로젝트'

도토리 프로젝트는 면사무소가 주도하는 공공사업에 고등학생이 수업의 일환으로 참여한 것이었다. 지역의 도움이 필요한 곳에 고등 학생이 참여한 또 다른 프로젝트가 있다. 휴일에 학교 밖에서 하는 유료 봉사활동이다.

1) 고령자의 고충을 학생이 돕다

가미야마교는 현에서 유일하게 조경을 교육하는 학교다. 조경 기 술을 익히며 생활하며 교내에는 조경기능검정사 자격시험의 실습 장 소도 있다.

마을은 주민 과반수가 고령자다(너무 건강한 분들뿐이어서 고령자 라고 부르는 게 좀 이상하긴 하다). 그분들이 나이 들면서 마당 정리, 밭 유지관리, 담장과 논두렁 관리 등이 어려워지고 있다.

이런 상황에서 '손자 손 프로젝트(이하 손자 프로)'가 시작되었다. 고등학생들이 학교에서 배운 조경기술을 살려 자택 주변을 정리하 기 힘든 노인들을 돕는 유료 봉사활동이다.

기본적으로 여름방학과 겨울방학 등 장기 휴일에 실시한다. 연대 공사가 주민의 의뢰를 접수한다. 작업 시간은 오전 9시부터 오후 4 시까지인데 현장 상황에 따라 작업 일수와 인원수가 바뀌지만 보통한 집에 학생 2-4명 정도를 파견한다.

현장에 도착하면 의뢰인에게 의뢰 내용을 확인하고 작업을 시작한다. 가지치기 실습을 배우는 학생들이지만 의뢰인 집마다 나무 종류나 생육 상태가 다르기에 실습대로는 되지 않는다. 학생들이 당황하면 동행한 교사가 방법을 일러준다.

의뢰인인 할아버지와 할머니는 놀러 온 손자를 맞아주는 것처럼 환영하며 음료수와 과자를 내준다. 여름 한낮의 작업은 더워서 정말 힘들지만, 휴식 시간에 먹는 아이스크림은 정말 맛있다. 혼자 하기 어려워서 부탁한 일이지만 학생이 하기 쉽게 할머니가 작업 예정 장소를 정리해주었다는 이야기를 들었을 때는 무심결에 웃음이 났다.

대부분의 고등학생은 평소 접할 기회가 없는 어르신과 잘 교류하기 위해 노력하는 편이다. 물론 휴식 시간 중에도 무슨 이야기를 해야 할지 몰라서 묵묵히 일만 하는 학생도 있긴 하다.

작업이 끝나면 시급 820엔을 받는다. 인생 처음으로 급료를 받은 학생도 적지 않다. 프로젝트에 참여한 이유는 "가지치기 기술을 더 익히고 싶어서", "할아버지와 할머니를 좋아하기 때문에 도움되고 싶어서", "작업한 날에 바로 돈을 받으니까", "편의점 아르바이트보다 하기 편해서" 등 여러 가지다.

아무튼 현장에 직접 가서 학교에서 배운 것을 일로 하는 실감을 할 수 있고, 의뢰인으로부터 직접 "고마워"라는 말을 듣는 경험을 하는 것 자체가 정말 큰 가치가 있는 일이다.

지원하기 위해 함께 가는 우리도 학생들의 첫 체험에 맞춰 귀중한

작업 모습

휴식 시간에는 의뢰인과 담소

경험을 한다.

2) 유료라서 책임감과 자신감이 생긴다

손자 프로는 가미야마교와 연대공사의 합작품이다. 절차상으로는 연대공사가 고용주가 되어 학생을 고용하는 형식이지만 학교는 학교대로 학생에게 홍보, 도구 제공, 작업 지원 활동을 한다.

아르바이트를 금지하는 학교도 많은데 참가를 장려하고 학교 비품도 빌려주는 등 일반적으로 하기 어려운 지원을 하는 것이다. 그렇다면 진행하는 데 장벽은 없을까.

아베 선생님은 2015-2017년까지 교감으로 부임하면서 손자 프로 시작부터 관여했다. 마루야마 선생님이 적극적으로 지역으로 나가고자 하면 아베 선생님이 관리직으로 뒷받침하는 굳건한 시스템을 구축했다. 조니시고교 교장은 도쿠시마 시내의 본교와 가미야마분교인 가미야마교의 교장을 겸임하기에 기본적으로 학생 수와 교원 수가 많은 본교에서 근무한다. 그에 비해 가미야마교에서는 교감의 역할과 의사결정 재량이 큰 편이다. 또한 교감은 수업도 한다.

아베 선생님에게 손자 프로 아이디어를 연대공사로부터 제안받았을 때 교내에서 반대 의견은 없었냐고 물었더니 "현의 다른 농업고등학교는 농가에서 열흘 정도 인턴십을 운영하는데 돈도 벌 수 있고 지원 교사도 있지요. 그런 일도 있어서 특별히 반대 의견은 없었어요. 다만, '도구를 어떻게 빌려줄까', '기계톱은 연료가 필요하고 학

의뢰받은 현장을 둘러보는 아베 선생님(좌측)

생은 자격증도 없는데 어떡하지' 하면서 사소한 걱정을 했지요"라고
대답했다.

아베 선생님의 말투가 너무 자연스러워서 "반대 의견과 위험에 대
한 우려가 있어도 열의를 가지고 각처와 조정하며 어떻게든 합의했
습니다"라는 식의 대답을 기대했던 나는 의아했다. 그렇다고 해도
교사들은 휴일근무를 해야 하는 상황이었는데 괜찮았을까.

"손자 프로 이야기를 시작하기 전에 워크 가미야마(학교 근처 숙
박 시설)의 정원 만들기를 한 경험도 큰 계기였지요. 학교에서 몸에
익힌 기술의 성과가 일로 눈에 보였으니까요. 그런 형식으로 지역
에 기여하면 좋잖아요. 앞으로도 정기적으로 하면 좋겠어요.

다만 봉사활동을 해야 한다고만 하면 의욕 없는 학생도 있고 질이 떨어지기 쉽잖아요. 유료로 하면서 확실히 하는 편이 좋은 것 같아요. 그래야 지적을 안 받게 열심히 하고 자기 행동이 그대로 평가에 반영된다는 걸 알고 책임감을 느끼며 일할 테니까요."

자기의 기술로 열심히 일하여 멋진 정원을 만들고 감사를 받는 손자 프로는 학생이 일의 보람을 느낄 기회를 제공한다.

3) 마을의 동아리 활동

손자 프로는 단순한 휴일 아르바이트가 아니라 교류 프로그램이다. 의뢰인에게 일반적인 작업 대행 서비스와 다르다는 것을 사전에 확실히 안내한다. 작업 당일에 도움받고 싶은 일, 학생들과 나누고 싶은 이야기 등에 대해서도 준비하면 좋다고 안내한다.

6년간 진행된 이 프로그램의 의뢰 건수는 80건 이상, 참여 학생은 300명 이상이다. 학생으로서는 배움이 되고, 어르신들도 건강해지고, 경관도 아름답게 변한다. 반복 참가자들이 많다.

학생들은 "사람과 이야기하는 것이 조금 힘들었는데, 할머니와 이야기하는 동안 그런 의식이 없어졌다", "할아버지라고 의식하지 않고 말하게 되었다"라고 반응한다. 어르신의 존재를 평온하게 느끼게 되는 학생이 많다.

3년 동안 연속해서 의뢰하는 80세 할머니는 손자 프로를 이렇게 평가한다.

> "옛날에는 내가 마당을 정리했지. 어디에 부탁하면 돈 든다고
> 말하는 사람도 있지만, 하루 사이에 마당이 깔끔해지니까 역시 기
> 분 좋아요. 학생들이 귀엽고 착해. 아이스크림과 과자를 내주면
> 기뻐하고 고마워해요. 내년에도 잘 부탁드려요."

지역에서의 인지도도 높아져 긍정적인 평가를 받고 있다. 오히려
어른들이 너무 많은 음식을 준비하는 것이 아닌가 하는 걱정이 들기
까지 한다.

의뢰 신청과 일정 조정, 현장 답사, 도구 준비는 연대공사 직원과
교사가 담당한다. 그런 백업 작업도 학생이 하면 좋겠지만, 일정과
참여자 조정까지 학생이 하는 것은 쉽지 않다.

2021년에는 손자 프로를 하고 싶어서 이 학교에 입학했다는 학생
까지 나타났다.

연대공사의 담당자 우메다 마나부(梅田學)가 "당일 참가형이 아니
라 답사와 상담까지 학생이 담당하고, 방학 등 장기 휴일에만 하는
것이 아니라 월 1회 정기 개최로 바꾸는 등 변화를 시도하고자 한
다. 힘들지만 그래도 하고 싶다는 사람이 있으니 함께해보자"라고
말하자 1, 2학년 학생 8명이 자원했다.

이런 적극적 반응에 우메다도 확신이 생긴 것 같다. 언젠가는 의뢰
전화도 직접 학생이 받을 수 있는 단계까지 만들어보겠다며 열심히

연대공사 사무실에서 회의하는 손자 프로 멤버들

노력하고 있다.

　"학교와 지역이 함께 협력하여 진행하는 과정에서 무엇이 가장 소중하다고 생각합니까?" 어느 이벤트에서 이런 질문은 받은 적이 있다. 나는 그때 이 손자 프로를 생각하며 "힘든 일과 할 수 있는 일이 서로 겹치는 것"이라고 답했다.

　예를 들어 가미야마교가 농업고등학교가 아니었다면 혹은 소규모 학교가 아니었다면 다른 일을 시작했을 테니까.

5. 시도 ④ 미래의 식·농·환경을 생각하는 '콩깍지 프로젝트'

어느 날의 조리 실습.

장소는 학교 가정실습실이 아니라 학교 앞 상점가 한편의 옛집. 2 학년 여학생 8명이 축제에서 판매할 도시락 시제품을 만들고 있다. 몇 명은 앞치마를 가지고 오지 않아서 지적당해 조금 시무룩해 있다.

메뉴는 고구마 고로케, 표고버섯 고기전, 달걀말이, 잡곡밥 등이다. "탄다 타!"라며 달걀말이를 뒤집는 모습은 보는 사람이 조마조마할 정도다.

완성된 음식을 보기 좋게 도시락에 넣는다. 시식하면서 "홍보 문구는 뭐라고 할까?", "고구마 고로케가 포슬포슬하니 포슬이 도시락은 어떨까?", "얼마면 팔릴까?", "500엔 동전 하나면 어떨까?", "원가만 450엔이라고!"라며 판매를 위한 의견을 나눈다.

이는 가공품 개발을 축으로 한 프로젝트형 학습의 풍경이다. 지역 생산물로 도시락을 만들어 신농제에서 판매할 예정이다. 학생들이 친숙하게 느낄 수 있는 소재를 생각하다 보니 '도시락'을 택하게 되었다.

학생들의 첫 도전을 지원하는 어른도 있다. 빠르게 채 써는 법을 가르쳐 주는 여성은 대도시에서 '딘 앤 델루카(DEAN&DELUCA)'라는 카페와 식료품 판매점 운영회사에서 상품 개발을 담당해온 요리사다. 실습 1주일 전에 산식률*과 원가율에 대해서 강의한 또 다른 여성은 구글 사원식당의 영양관리사였다. 이런 전문가들로부터 배우다니 정말 부러운 광경이다.

1) 농업회사와 수업을 만들다

이 굉장한 강사진은 주식회사 푸드허브·프로젝트(이하 푸드허브)의 직원이다. 푸드허브는 마을에서 쌀·보리·채소·과일을 생산하여 마을 식당·빵집·가공점을 운영하는 농업회사다. 농업연수생 신청과 자립 지원도 한다.**

마을 주민의 평균 연령이 70세를 넘어 후계자도 충분하지 않고 경작 방치지와 예상 방치지도 늘고 있다. 이런 환경에서 2016년 '농업을 차세대에게 이어주자'는 미션으로 푸드허브가 설립되었다.

회사 설립 경위는 다음 장에서 자세히 소개하겠지만 '푸드허브'는 원래 미국 농무부가 제창한 새로운 농산물 유통 개념이다. 지역 생산자의 식품을 집약·보존·유통·마케팅하여 소비자에게 전달하는 비즈니스 혹은 조직을 의미한다. 대량 생산·대량 운송·대량 소비 식품 시스템의 대안 개념이라고도 볼 수 있다.

---

*산식률(産食率)은 지역 생산품의 소비율을 측정하는 방식으로 가미야마의 푸드허브·프로젝트에서 정한 기준이다. 칼로리와 생산액을 기초로 측정하는 자급율과 달리 (마을 생산) 식자재 품목 수÷(전체) 식자재 품목 수로 산출한다.
**푸드허브·프로젝트에 관해서는 『마을의 진화』 6장 참조. (역주)

가미야마의 푸드허브는 설립된 지 6년이 되었으며, 경작 방치지와 예상 방치지를 인수하여 4.35헥타르의 경지를 직접 관리한다. 이는 마을 농업경영체로는 최대 규모다. 중산간 지역에 있는 가미야마에는 평지 경작지가 거의 없고 또한 겸업 농가도 있어서 농가의 80%는 0.3헥타르 정도의 소규모 농가다.

농업 종사자 고령화와 경작 방치지 증가라는 사회문제를 지속가능한 경제활동으로 해결하고자 하기에 푸드허브 활동을 사회적 농업이라고도 부른다.

푸드허브는 미래세대를 위한 활동으로서 먹거리 교육에도 주력한다. 20년 전부터 지역주민이 초등학교 수업에 참여하고 모내기와 벼베기를 매년 해왔다. 그 활동을 더욱 적극적으로 전개하여 종자 선별 연수, 왕겨 뿌리기, 진흙탕 놀이라 불리는 써레질, 수확하여 건조한 벼의 인수 등 쌀을 만드는 일련의 흐름을 배우는 수업도 한다.

초등 3학년 국어 교과서에 나오는 '모습이 변하는 콩'을 참고하여 실제로 콩으로 두부를 만드는 활동 학습을 지원하는 등 논농사 외에도 많은 활동을 학교에서 전개한다.

가미야마교도 도시락 만들기 외에 두부 만들기·모내기 체험·가공품 개발 등의 활동을 한다. 푸드허브의 지원을 통해 농업고교로서의 가능성이 확장되고 가미야마교와의 협업으로 푸드허브의 지역공헌이 확장되는 윈윈 시너지 효과가 나타나고 있다.

2) 경작 방치지를 실습 장소로

2019년에는 학교에서 도보로 5분 거리에 있는 계단식 논에서 토지 재생 활동을 시작했다. 논의 옛날 모습을 아는 주민은 "너무나 멋진 계단식 논이었다"라며 회상하는 곳이다. 그러나 오랫동안 사람의 손이 미치지 못해 잡초가 무성해지고 멧돼지와 사슴 발자국만 여기저기 보이는 경작 방치지가 되어버렸다.

이 논을 실습 장소로 빌려 작물을 키울 수 있는 밭으로 부활시키면 학생들은 산골 생태계와 재배 기술을 배울 수 있고 지역은 아름다운 경관을 보존할 수 있다.

푸드허브의 제안과 지원을 받은 이 시도는 토지 이름을 따 '콩깍지 프로젝트'라고 부르게 되었다. 여기저기 자란 큰 풀과 나무를 제거하고 뿌리를 뽑았다. 나뭇가지를 태우고 석축을 보수하여 땅을 일구고 이랑과 울타리를 만들었다.

개간부터 밀을 키워 제분하여 사람의 입까지 들어가는 데는 긴 시간이 걸린다. 이런 실습 과정에 푸드허브, 면사무소 산업관광과, 농업위원회 등 많은 사람이 참여했다.

3) 산골 경관 생태계 형성에 참여

콩깍지 프로젝트는 환경디자인 코스와 먹거리생산 코스로 구성되어 있다.

초목으로 덮인 땅을 벌초(게이오대기쥬쿠대학 이시카와 하쓰 연구실 제공)

콩깍지 일대. 학교에서 빌린 토지를 작물 재배를 할 수 있는 토지로 전환(게이오대기
쥬쿠대학 이시카와 하쓰 연구실 제공)

가미야마뿐만 아니라 중산간 지역에는 계단식 논이 많다. 밭과 집을 지을 토지를 얻기 위해 산을 조금씩 깎아가면서 오랜 시간 공을 들인 산물이기도 하다. 그러나 고령화와 이농으로 이 경관이 위기에 처해있다. 잡초가 무성하고 짐승이 드나들고 빗물 배수 관리가 이루어지지 않아 석축이 무너진 곳도 많다.

석축을 보수하는 세대는 80대 이상의 고령자들이라 기술은 있지만 체력이 받쳐주지 못해서 다음 세대로의 기술 전수는 이루어지지 못하고 있다. 그리고 지역 건설회사에 석축 쌓기를 부탁하면 대부분 콘크리트 시공이기에 많은 돈이 든다. 도로변에 접한 농지가 아니면 공사 차량도 드나들 수 없어서 방치되는 경우도 많다.

그러나 최근 들어 콘크리트를 사용하지 않는 옛날 방식의 석축 쌓기를 선호하기 시작했다. 전통적인 아름다움뿐만 아니라, 불필요한 에너지를 소비하지 않고 사람들이 손으로 쌓기에 환경 부하가 낮은 공법이라며 유럽을 중심으로 다시금 그 가치를 평가받고 있다.

일본에서도 석축 쌓기 가치를 중심으로 기술 전수와 학습 기회를 제공하는 단체가 있다. 도쿄공업대학 경관공학 전공의 사나다 준코(真田純子)가 운영하는 '석축쌓기학교'다.

사나다와 함께 학교를 운영하고 전국에서 워크숍도 하는 가나코 레이코(金子玲子)는 2017년부터 매년 가미야마교 학생들에게 기술을 지도한다.

석축은 그냥 보면 대충 적당히 쌓은 것처럼 보이지만 중심이 뒤쪽으로 향하게 쌓아야 한다. 쌓은 돌 뒤에 작은 돌을 괴지 않으면 무

석축 쌓는 법을 알려주는 석축쌓기학교의 가나코

너져 버리기 쉽다. 석축의 틈은 배수의 중요한 통로다.

가나코는 쌓는 법뿐만 아니라 중산간 지역에서 석축의 역할, 다양한 지형에서 다양한 석축 쌓기법 등 깊이 있는 학습을 제공한다. 돌을 적절하고 빠르게 고르려면 매우 집중해야 한다. 쌓는 사람, 운반하는 사람, 쌓은 돌 뒤쪽에 넣을 작은 돌을 모으는 사람 등 역할을 효과적으로 분담하지 않으면 작업을 진행하기 어렵기에 협력도 중요하다.

석축쌓기학교는 이런 협력 구조와 팀 빌딩 특성을 고려하여 신입사원 연수 프로그램을 제공하기도 한다.

계단식 논을 개간한 다음 해인 2020년 4월. 밭에 물이 넘쳐 기르던 밀이 침수되어 교사들이 총출동하여 물을 퍼냈다. 장마도 아니고, 다른 밭은 문제가 없는데 왜 이 땅만 문제가 발생했을까.

마을에 사는 학생 중 하나가 "모내기를 준비하느라고 콩깍지 땅에 물을 끌어당기다 보니 대량의 물이 한꺼번에 흘러들어 넘친 것 같다"고 말했다. 이 해프닝은 토지이용과 물의 흐름을 배우는 기회가 되었다. 사람과 자연이 조화롭게 살아야 하는 산골 경관 생태계를 다루는 법을 생생하게 익힌 것이다.

학생 수가 적은 가미야마교에서 맡을 수 있는 것은 극히 일부분의 토지다. 그러나 1945년경의 옛 토지의 모습을 알고 있는 지역주민들은 학생들이 만든 경관을 흐뭇하게 바라보았다.

"예전에는 계단식 논이 장관이었어요. 맛있는 쌀로 유명했지요. 초봄에는 자운영 꽃밭이 되어 삼짇날에는 어머니가 만들어준 김밥이나 떡을 가지고 여기에 와서 종일 놀았어요. 재미있는 소우주 같은 곳이었지요.

벼농사를 하기 위해 노력한 선조들의 땀이 깃든 곳이에요. 그동안 억새밭으로 황폐해지는 걸 보기 힘들었는데, 이렇게 일부분이라도 수확할 수 있는 상태가 되어 너무 기뻐요. 학생들이 밀을 심는다고 하니 우리도 절로 기운이 솟는군요."

4) 생산·가공·판매를 지속하여 씨앗 틔우기

콩깍지 프로젝트는 5월 하순에 황금색 열매를 맺은 밀을 수확했다. 밀가루는 알지만, 그 원료인 밀을 본 적 없는 학생들은 "이게 하얀 밀가루가 된다고?" 하며 신기한 듯 바라보았다.

수확한 밀은 쿠키와 타르트를 만들기도 하고 그대로 삶아서 수프에 넣기도 하는 등 다양한 가공 실험에 이용된다. 수량이 안정되면 가공품 판매까지 해보려고 한다. 밀 재배를 통한 생산·가공·판매라는 일련의 흐름을 배우는 것은 먹거리생산 코스의 학습 내용 그 자체다.

그뿐만 아니라 콩깍지 프로젝트에서 기르는 밀은 이 마을에서 70년 이상 이어져 온 것이며 전국 밀 자급률의 10%를 담당한다(2020년, 칼로리 기준 통계).

이제는 국산 밀가루를 찾기 힘들다. 식량 문제 구조는 너무 복잡해서 이해하기 힘들지만 그래도 이 프로젝트를 통해 자기가 길러서 자기가 만들어 먹는 것이 당연하다는 것을 다시 한번 생각해볼 수 있다.

최근 종묘법 개정과 종자법 철폐 논의를 배경으로 지역 고유의 종을 보존하려는 '시드 뱅크(seed bank)' 움직임이 일어나고 있다. 그 시드 뱅크 기능을 가미야마교가 할 수 있다면 학생의 학습교재이자 지역사회에서 학교의 가치를 높이는 중요한 기회가 될 것이다.

가미야마교의 밀은 푸드허브에서 씨앗을 받아 기술 지도를 통해 키운다. 그런데 2020년 푸드허브가 밀 재배에 실패해서 그해 풍작이었던 가미야마교가 거꾸로 푸드허브에 씨앗을 나눠주었다. 가미야마교가 씨앗을 받지 않았다면 70년의 역사가 끊어졌을지도 모르는 상황이었다. 생각지도 못한 시드 뱅크 기능을 해낸 것이다.

농업사회에서 할 수 없는 것을 학생들이 해내고 있다,
히구치 아스카

콩깍지 프로젝트는 가미야마교의 학습 요소가 함축된 배움의 장이며 지역환경과 먹거리를 연결하는 작은 기지다. 여기서 교육적 가치와 사회적 가치를 끌어내 운영한 것은 푸드허브의 먹거리 교육 담당 히구치 아스카(樋口明日香)다.

히구치는 14년간 가나가와에서 초등학교 교사를 하고 교육상담 코디네이터도 경험했다. 2016년 고향 도쿠시마로 돌아와서 푸드허브에 참여했다. 그 과정에서 어린이집부터 고등학교까지 학교와 농업팀의 조정 역할을 담당했다.

앞서 소개한 도시락 수업은 히구치의 첫 학교협력활동이었다. 2019년부터는 사회인 강사 활동도 한다. 외부인이나 전문가가 일회성으로 합류하는 경우는 있지만 한 학교에서 주 2-4회 수업에 참여하는 것은 드문 일이다.

히구치뿐만 아니라 푸드허브의 농업팀·요리사·제빵장인 등 많은 멤버가 다양한 방식으로 학교에 협력한다. 옆에서 봐도 그 정도면 단순 협력 수준 그 이상이다.

질문 자금적으로나 시간상으로 결코 여유가 있지 않을 텐데 초창기부터 지금까지 협력해온 원동력은 무엇일까요?

히쿠치: 푸드허브는 '농업을 차세대에 잇는다'는 미션으로 활동하

기 때문에 어린 학생들이 조금이라도 농업에 관심을 가져주면 그것만으로도 너무 기뻐요. 우리 멤버들도 학교교육에 협력하는 것을 대환영하고 있어요.

질문 어른들도 얻는 게 있다는 의미인가요?

히구치: 그럼요. 학생과 교류하는 것은 내가 평소에 하는 일과는 다른 독특한 장점이 있어요. 평소에 익혀온 기술을 학생들이 신선하게 여기고 "가르쳐주어서 감사하다"라고 말하면 너무 행복해요. 일만으로는 경험할 수 없는 어떤 유대감마저 느끼는걸요.

질문 푸드허브 식당을 오픈하기 전에 도시락 프로젝트를 했는데 어떻게 생각하세요?

히구치: 회사를 설립한 지 얼마 되지 않아서 말씀하신 대로 식당이나 점포도 변변히 없을 때였어요. 그 시점에 도시락 프로젝트는 지역에 회사를 알리는 효과도 있었어요.

마을의 고등학교와 일하는 회사라는 특성이 자연스럽게 정착해서 그 후에 회사에 들어온 멤버들은 그런 점을 당연한 것으로 받아들이게 되었죠.

질문 마을의 농업회사로서 농업고등학교와 일하는 의미는 무엇일까요?

도시락 프로젝트를 지원한 푸드허브 멤버와 히구치(오른쪽)

히구치: 씨앗에 관해 조사하던 2학년 그룹이 이런 말을 하더라고
요. '콩깍지 프로젝트에서 재래종 밀과 메밀 씨앗을 잇는 활
동을 해서' 씨앗에도 관심이 생겼다고요. 지역의 씨앗이나 경
작 방치지 등에 관해서도 관심이 생기는 것 같아요. 그런 학
습 효과는 정말 감동적이에요.

　푸드허브가 목표로 하는 일을 고등학교는 배움을 통해 한
다는 것을 알게 되니 저희도 공부가 되는 기분이에요. 동지라
고 하면 좀 거창한 것 같지만, 같은 목표를 향해 공부하는 고
등학생과 기업이라고나 할까요?

　지금 농업 현실에서 자가 채종으로 씨앗을 잇는 것은 시간
이 너무 많이 들어서 쉬운 일이 아니에요. 중요한 일이지만 영
리기업에서 쉽게 도전할 수 있는 일은 아니죠. 그런데 회사가

못하는 것을 학생들이 재미있어하면서 열심히 한다는 건 정
말 감격스러운 일이에요.

5) 회사의 사업에서 마을의 먹거리 교육으로

2016년부터 각 학교와 사업하며 보람을 느낀 히구치는 회사에서
일부 활동을 하는 것에 머물지 않고 먹거리 교육 전문 비영리법인 설
립을 결심했다.

일본에서의 '먹거리' 문제는 보통 영양교사가 그 역할을 담당하기
에 영양 균형과 섭취법 지도 중심으로 진행된다. 히구치는 그런 것도
중요하지만 만드는 경험의 중요성도 강조하고 싶다고 말했다. 사
서 먹는 것이 당연한 이 사회에서 길러 먹는 일의 소중함을 알리고 싶
은 것이다. 땅을 만지며 만드는 경험을 알리고 싶은 것이다.

그런 마음을 담아 만든 비영리법인의 슬로건은 '모든 아이에게 농
업 체험을'이다. 각 학교와 사업하며 급식을 제공하고 아이뿐만 아
니라 어른도 참여할 수 있는 프로그램 개발과 미디어 만들기에 도전
할 계획이다.

교사에서 코디네이터로 그리고 비영리법인 대표로 변해가는 히구
치의 모습은 학생들 눈에 어떻게 보일까. 스스로 관심과 문제의식을
느끼고 능동적으로 사는 어른의 모습을 옆에서 지켜보는 것만으로

어떤 조언보다 강력한 깨달음을 얻을 것이다.

6. 경험하지 못한 일을 함께하다

제2장에서는 학교와 지역이 협력하여 전개한 활동들을 소개했다. 학생의 배움과 지역의 필요를 맞추고, 수업이나 과외활동을 하는 과정에서 참여자 모두의 의견에 귀를 기울임으로써 사람을 소모하지 않는 창의적인 활동을 전개했다.

1) 학습 토양의 풍요로움

학생의 비인지 능력을 키우기 위해서는 학습 토양으로 네 개의 환경이 중요하다는 조사 결과가 있다.

- 도전과 실패를 응원하는 '안심·안전한 토양'
- 다름을 받아들이고 북돋는 '다양성의 토양'
- 일상적으로 묻고 답하는 '대화의 토양'
- 지역과 사회인과 자원에 접근할 수 있는 '열린 토양'

강조하고 싶은 것은 토양이 풍부하든 그렇지 못하든 과제 탐구학습 여부가 학생의 성장에 영향을 미친다는 것이다. 학습 토양이 풍부한 환경에서는 과제 탐구학습 여부에 상관없이 많은 학생이 성장

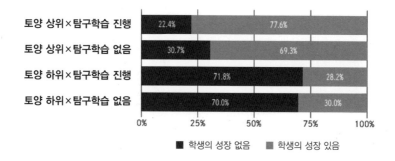

학습 토양과 과제 탐구학습 빈도에 따른 학생 성장률

	학생의 성장 없음	학생의 성장 있음
토양 상위×탐구학습 진행	22.4%	77.6%
토양 상위×탐구학습 없음	30.7%	69.3%
토양 하위×탐구학습 진행	71.8%	28.2%
토양 하위×탐구학습 없음	70.0%	30.0%

을 실감하지만, 학습 토양이 풍부하지 못한 곳에서 과제 탐구학습
도 하지 않는다면 70% 이상의 학생은 성장을 실감하지 못한다고
한다.

우수한 학습 교재·교과과정·내용보다 학생과 직접 만나는 주위
의 어른, 즉 교사·보호자·지역주민 등이 학생의 도전과 실패를 응원
하고 그들과 대화하는 것이 매우 중요하다는 의미다.

가미야마교도 이런 조사를 한 적이 있다. '미래의 일과 실현하고
싶은 것을 의논할 어른이 있다', '주변 어른들이 차분하게 이야기를
듣고 생각하는 법을 도와준다', '지역에서 나를 소중하게 여기는 분
위기를 느낀다', '흥미 있는 일을 바로 알려주는 어른이 있다'에 대해
학생 80% 이상이 그렇다고 응답했다.

2) 학생을 어떤 존재로 생각하는가

주위의 어른이 학습 토양 형성에 깊게 영향을 미칠 수 있으므로 어른들은 자기보다 나이가 어린 학생과 어린이에 대한 인식을 자각해야 한다.

예전에 친구와 이런 이야기를 한 적이 있다.

> "학생과 사회인의 관계는 개발도상국과 선진국 사이의 관계 같아."

2015년 경제 상황과 공중위생 수준이 다른 193개 유엔 가맹국이 만장일치로 지속가능한 개발목표(SDGs)를 합의하여 채택했다. 핵심은 '지속가능한 개발', 즉 '미래세대의 수요를 만족시킬 능력을 잃어버리지 않고 현재 세대의 수요를 충족시키는 개발을 하자'는 것이다.

오랫동안 개발도상국과 선진국의 사이에서는 개발과 환경에 관한 논쟁이 지속되었다. 이미 물질적 풍요로움을 손에 쥔 선진국은 이후의 지구환경을 지키기 위해 과도한 개발을 제한하자고 주장하지만, 개발도상국은 아직 그 단계에 이르지 못했으므로 선진국의 주장을 '강자의 논리'라고 강하게 비판했다.

'개발도상국은 경제발전을 통해 선진국이 되려고 한다'는 사고방식에 제동을 건 것이 SDGs 개념이다. 무엇보다 '지금 여기에 있는 우리와 미래세대의 수요를 충족해야 한다'는 새로운 주장을 하는 것이다. 국가 간 비교가 아닌 생존하고 있는 그리고 미래를 살아갈 존재의 중요성을 강조한다는 점에서 매우 중요한 개념이다.

내 말에 친구는 이런 대답을 했다.

"대단해. 내가 학생 때는 그런 일은 상상도 못 했어'라고 말하는 사회인들이 꼭 있더라."

나도 고개를 끄덕였다. 친구는 그런 사고방식은 '학생은 아직 개발도상국같이 뒤처진 상태이고, 나이가 들어 사회인이 될 사람'이라는, 즉 학생을 같은 시간 축에 있는 사람이라고 여기지 않는 것 같다고 평가했다.

"이상해. 나이 운운할 게 아니라 지금 살고 있는 나와 당신이 여기에 있으니 함께 생각하면 될 텐데 말이야."

친구와의 소소한 대화였지만 많은 생각이 들었다. 시대에 따라 사회문제와 그것을 다루는 방식은 변한다. 기후변화에 관한 30년 전고등학생의 정보량과 인식 그리고 위기감은 현대의 고등학생의 그것과는 천양지차다.

그렇지만 그런 시간 축의 비교가 아니라 동시대를 사는 존재들로보면 40대도 10대도 '지금'을 살고 있다. 같은 시대를 살고 있으므로 문제해결도 같이할 수 있다. 현대의 사회문제 앞에서 '아직 고등학생이니까 30년 지나서 생각해봐야겠다'는 식의 사고방식은 통하지 않는 것이다.

어린이를 경험이 적은 미숙한 존재나 지식과 경험을 쌓아야 하는 대상으로만 취급하면 어른이 경험한 일을 그대로 따라야 한다는 앙상한 논리만 남는다. 그렇게 되면 사는 지역에 관해서도 교과서의 연습 문제를 실현하는 장(場) 정도로만 치부하게 될 것이다.

그러나 가미야마에서 지금까지 전개한 활동은 어른과 아이가 함께 (시간 축을 벗어나) 현재의 사회문제를 해결하려는 실제 노력이었다.

3) 함께 만들기 경험을 한다

'일반사단법인 발견+인식' 대표이사로 도쿄 커뮤니티스쿨 초대 교장을 역임한 이치가와 치카라(市川力)와 게이오기주쿠대학 총합정책학부 이바 타카시(井庭崇) 교수는 보이지 않는 상황을 따라가면서 동료와 만들어가며 배우는 교육에서는 교사의 역할도 변해야 한다면서 '제너레이터(generator)'라는 개념을 제시했다.

두 사람의 대담이 수록된 『크리에이티브 러닝: 창조사회의 배움과 교육』*에 다음과 같은 내용이 나온다.

"가르침에 의한 배움의 시대에는 지식을 어느 정도 전달했는가만

---

*『クリエイティブ・ラーニング: 創造社会の学びと教育』. (역주)

중요하다. 그때 교사는 오직 지식 전달을 촉진하는 'teacher', 혹은 'instructor' 역할만 한다. (중략)

만드는 것을 통한 배움의 시대에는 배움 속에서 일어나는 발견의 연쇄가 중요하기 때문에 창의적인 프로젝트가 핵심이 된다. 이 과정에서 중요한 것은 '제너레이터(generator)' 역할이다.

제너레이터는 프로젝트의 창조 과정에 직접 참여하여 학생과 함께 만들며 자신과 학생의 창의력을 자극하면서 자연스럽게 커뮤니케이션을 형성하고 아이디어를 생성한다."

'가르치다/배우다, 평가하다/평가받는다'라는 비대칭적인 관계 없이 학생과 같은 쪽에서 함께 생각하고 행동하는 새로운 교사상을 강조한 것이다.

이 마을에서 내가 경험한 학교와 지역의 시도는 어른이 이미 알고 있는 것을 학생에게 단순히 전달만 하거나 대리 체험하도록 지원하는 정도가 아니었다.

교사들은 학생들과 현장 수업을 하면서 보고 들은 지역주민의 삶과 일하는 방식이 자신들도 처음 듣는 이야기여서 신선하다고 말했다. 씨앗에서 묘목을 만드는 것은 모두가 처음 하는 체험이었으니까. 어른이 학생보다 더 많은 돌 쌓기 경험을 해봤을까. 전혀 그렇지 않다.

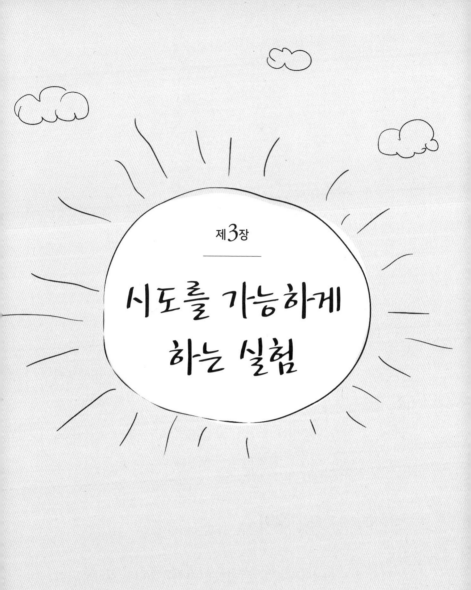

제3장

시도를 가능하게
하는 실험

1. 지역다움이라는 기반 위에서

이제까지 소개한 사례는 가미야마니까, 가미야마교이기 때문에 가능했던 것이라는 평가가 있다. 독특한 지역이어서 시도할 수 있고 성공할 수 있었다는 식의 평가다. 그렇다면 그 '지역다움'은 어디에서 오는 것일까. 마을의 '풍경'에 힌트가 있다.

1) 자연환경과 인간의 조화

지역다움을 형성하는 가장 큰 기반은 자연환경이다. 지역에 따라 지형, 지질, 기후가 다르다. 사람들은 그 토지에 적응하는 형태로 집을 짓고, 그 토지에서 기른 작물을 먹고, 자연으로부터 생업을 만들며 산다. 시대 흐름과 함께 기술혁신과 사회제도 변화를 경험하지

학교, 로컬을 만나다

만, 그 모든 것의 결과로 지금 눈앞에 '풍경'이 펼쳐진다.

나라문화재연구소에서 경관 연구를 하는 에다니 히로코(惠谷浩子)는 『지역을 보는 법: 문화적 경관학 추천』*이라는 책에서 자기가 나고 자란 지역을 '아무것도 없는 평범한 마을'이라고 생각한 주인공이 경관 전문가의 힘을 빌려 지역의 개성을 재인식하는 과정을 그리고 있다.

> "논밭의 풍경만 해도, 벼농사 풍경, 평평하게 펼쳐진 논, 산골을 배경으로 한 전원, 하늘에 닿을 것 같은 산골의 논, 골짜기에 붙어 있는 급경사의 계단식 논 등 지형에 맞춘 다양한 풍경이 있다.
>
> 마을의 모습도 해풍, 산풍, 평지에 부는 바람, 사계절마다 부는 바람 등 각각의 바람에 대처하는 방법에 따라 저마다 다른 집과 마을 형태로 나타난다. (중략)
>
> 계속 그 마을에 살아온 사람에게는 아무 느낌 없는 풍경일 수 있다. 그러나 거기에는 지역 사람들이 자연스럽게 만들어온 '풍토와의 타협과 조화'가 묻어 있다."

가미야마다운 풍경이라면 청석이 비치는 아름다운 강과 계단식 논이 장관으로 펼쳐진 석축일 것이다. 마을을 가로질러 흐르는 강바닥에는 청석이라는 녹니편암(綠泥片岩)이 많아서 햇빛이 강을 비추면 청

---

* 『地域のみかた: 文化的景観学のすすめ』. (역주)

오부타에 탁자와 의자가 있는 집이 많다

석이 반짝거리는 절경이 무척이나 예쁘다. 평지가 적고 아쿠이강이 흐르는 마을 환경의 독특한 지질대가 이런 경관을 형성한 것이다.

강의 수량은 눈에 보일 정도로 감소하고 황폐해진 밭과 무너진 석축이 늘기도 한다. 그러나 이런 풍경은 변치 않는 것이 아니라 사람이 잘 관리하면 얼마든지 바뀔 수 있다.

또한 마을에 옛날부터 있던 민가에는 '오부타'라는 공간이 있다. 집 안 깊숙이 있는 공간이다. 농기구 창고나 작업장으로 쓰거나 손님을 격의 없이 대접하는 사교 장소이기도 하다.

집을 사적인 공간, 길을 공공 공간이라고 한다면 오부타는 그 사이에 있는 반(半) 공공 공간이다. 이런 공간이 적절한 거리를 형성하며 마을 생활에 기여해왔다.

학교, 로컬을 만나다

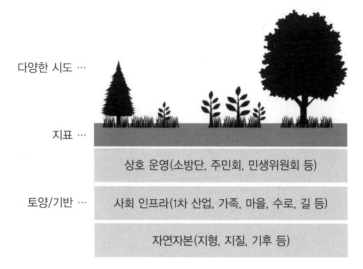

시도의 계층

다양한 시도 …

지표 …

상호 운영(소방단, 주민회, 민생위원회 등)

토양/기반 …

사회 인프라(1차 산업, 가족, 마을, 수로, 길 등)

자연자본(지형, 지질, 기후 등)

온천 가까이에 있는 산에 가면 다수의 예술작품이 있다. 예술가가 자기 작품을 산속에 만들어 놓은 것이다. 가미야마에서는 1990년 부터 아티스트 인 레지던스를 운영 중이다. 세계 각지에서 찾아오는 예술가가 초등·중학교에서 예술 수업을 하고, 언어의 장벽을 넘어 마을 할아버지와 어깨동무하며 술을 나누는 모습을 볼 수 있다. 이 것도 가미야마다운 풍경의 하나다.

자연환경이 비슷한 어디나 이처럼 되는 것은 아니다. 어떤 사람이 어떤 일을 하며 어떤 삶을 사는가에 따라 풍경은 모두 다르기 때문 이다. 즉, 수십 년 수백 년의 시간을 걸쳐 배양된 것들이 우리에게 영 향을 미친다. 지역다움은 하루아침에 생기는 것이 아니라 오랫동안 축적되어 나타나는 것이다. 그렇게 오래 축적된 자연환경과 그 속에 사는 사람들의 생활이 지역다움의 기반이다.

제2장에 소개한 최근 6년간의 시도가 가능해진 데에는 타이밍과 운도 따랐다. 그러나 동시에 활동이 좀 더 잘 작동하도록 궁리한 것도 영향을 미쳤다.

토양에 맞추지 않으면 작물이 잘 자라지 못하는 것처럼 프로젝트가 유기적으로 진행되기 위해서는 적절한 환경을 만드는 것도 중요하다.

2. 상황 만들기 ① 학교를 넘어서 이어지는 '선생님들과 다 함께 식사'

공립학교만큼 비전의 수립과 공유가 어려운 조직은 없다. 기본적으로 공립학교 교사는 (광역 단위 지자체인) 현에서 채용하여 현의 학교에 배정한다. 초등·중학교에 다니는 아이들은 사는 지역의 학교로 간다. 즉 비전은 아이와 교사들이 아니라 수년간 수직구조 속에서 형성된 교육이념이 일방적으로 만드는 경향이 강하다.

1) 학교 간 소통을 원활하게

가미야마에는 2021년 현재 어린이집 2개, 초등학교 1개, 중학교 1개, 고등학교가 1개 있다. 학생 수가 10명 이하인 학급도 있다. 같은 마을에 있는 학교들은 서로 연결하여 학생들이 건강하게 크는 환경을 조성해야 한다. 그래서 2016년 마을의 재생전략에 어린이집, 초등학교, 중학교, 고등학교 공통의 교육이념 수립이 필요하다고 제시하였다.

그러나 어린이집은 면사무소 건강복지과, 초등·중학교는 마을교육위원회, 고등학교는 현교육위원회로 관할이 각각 달라서 교사들이 서로 알 기회도 없고 자신의 일하는 곳 외의 아동과 학생의 상황을 알기도 어렵다.

가미야마에서 일을 시작할 무렵 나는 '공통 이념이 없다면 그걸 만드는 회의를 하면 될 텐데'라고 단순하게 생각했다. 그러나 교육에서 비전과 이상을 논하면 추상적이고 공허한 이야기가 난무하기 쉽다. 학교의 종류가 다르면 상황은 더욱 복잡해진다.

생각을 바꾸어보면 슬로건 만들기에 주력하기보다 학교 간 소통을 원활하게 하는 것이 더 급선무다. 즉 선생님들이 가볍게 이야기를 나누기도 하고 상담할 수 있는 장이 필요하다.

그런 제안을 한 선생님이 있었다. 재생전략 수립회의 때 육아·교육 그룹에서 교육위원회와 초등학교 교사, 관심 있는 주민들이 이야기할 때였다.

어떤 초등학교 선생님이 "스스럼없이 어린이집 교사들과 고등학교 교사들이 이야기 나눌 수 있는 장소가 있으면 좋겠다"라고 말했다. 같은 그룹에 있던 마을교육위원회 고마카타 료스케(駒形良介)가 그 말을 잘 기억하고, 다음 해 봄부터 연대공사에 참여한 나와 그런 장소를 만들어보기로 했다.

어린이집과 각 학교를 돌아다니며 책임자에게 취지를 설명했다. 2개월 후에는 30명 넘는 교사들이 맥주잔을 손에 쥐고 다채로운 채소로 만든 요리를 즐기면서 시끌벅적하게 담소하는 광경이 만들어졌다. 이것이 '선생님들과 다 함께 식사'라는 식사교류회의 시작이었다.

한 사람씩 자기소개를 했다. "예전에 마을에는 추석에 한 번 마을 출신 교사들이 만나는 모임이 있었습니다. 이제는 마을 출신뿐만 아니라 마을에서 일하는 교사들도 모일 수 있는 장소가 생기니 좋네요"라고 가미야마교육위원회 다카하시 히로요시(高橋博義) 위원장이 말했다.

이업종 교류회의 교사 버전이라고 할 수 있을까. 다른 지역의 교육 현장과 행정기관에 이 모임을 소개하면 모두 놀란다. 그 정도로 어떤 마을이든 학교와 학교의 거리는 멀다.

이 기획을 담당한 마을교육위원회 직원이 연수 프로그램까지 추가하여 공식 기획으로 만든 덕에 많은 교사의 참여가 이루어졌다.

2) 활발한 학습과 의견 교환

이 모임 외에도 교사와 아동·학생에게 관계 깊은 지역의 과제를 주제로 학습회와 의견 교환도 진행한다.

첫해에는 초등학교와 고등학교에서 예술가의 디지털 출판에 관한 특별수업 사례공유와 허브랩 견학을 했고, 이듬해에는 유학 온 네덜

신장개업한 숙박 시설에서 제1회 모임 개최

란드 학생의 교류활동 보고와 그다음 해의 기획을 논의했다.

　새롭게 마을에 생기는 문화시설을 현장감리자의 안내로 돌아보고 그 시설을 어린이들이 활용할 수 있는 방안에 관해 이야기한 적도 있다.

　밤의 모임은 편한 식사회다. 평소에는 교사들이 별로 가지 않는 마을 음식점과 숙박 시설 홍보도 한다. "말은 들었지만 처음 와봤습니다"라고 말하며 조금은 설레고 들떠 있는 교사들의 모습을 보면 기쁘다.

　한 손에 술잔을 들고 진지한 이야기를 나누기도 하고 "다음에 ○○할래요?"라는 이야기도 매번 나온다. 이런 만남을 계기로 초등학교 졸업 기념품 만들기에 고등학생이 협력하는 합동기획도 만들어졌다.

'선생님들과 다 함께 식사'의 파생형으로 '선생님들과 다 함께 투어: 농업·임업편'도 기획했다. 당시 초등학교 교장 선생님으로부터 "최근 마을 외 출신 교사들이 늘고 있으니 지역 알리기 투어를 합시다"라는 제안을 받아서 기획했다.

주말에 개최했는데도 불구하고 많은 교사가 참여했고 그 분위기 속에서 당시 막 활동을 시작한 푸드허브와 학교의 접점이 생겨 그 후에 먹거리 프로젝트로 이어졌다.

서로 알게 되면 유연해지고 변화한다, 에비나 미치코

'선생님들과 다 함께 식사'를 주도적으로 이끈 장본인은 2001년부터 16년간 가미노미네(神嶺) 초등학교에 근무한 에비나 미치코(海老名三智子) 선생님이다.

가미노미네 초등학교는 지역 협력 움직임이 활발한 학교로서 새로 부임한 교사들은 학교에 드나드는 외부 사람이 많고 지역활동이 활발한 것을 보고 어리둥절해한다고 한다.

상냥한 에비나 선생님은 마을에서 개최되는 다양한 일에 씩씩하게 참가한다. "가미야마는 재미있다!"라며 그 느낌을 그대로 학급 활동에도 전달한다.

그녀는 '선생님들과 다 함께 식사'의 시작을 어떻게 보고 있을까. 덧붙여서 초등학교 교사로서 어린이가 지역에서 배우는 것의 의미를 어떻게 생각하는지 들어보았다.

에비나: '선생님들과 다 함께 식사'에서 처음 알게 된 선생님도 많
아요. 지금까지는 초등학교 1학년과 어린이집 아이들의 교
류회로 카레 파티도 하고 초등학교 6학년이 중학교 체육대
회에 참가한 적도 있지만, 담당한 교사들만 교류하는 형태였
어요.

　　모두가 허심탄회하게 편히 이야기할 기회는 드물었지요.
회의하자고 모이면 그저 서로 의견이나 전달하는 상황이 될
뿐이었어요.

　　예를 들어 중학교는 "초등학교에서 좀 더 학력을 높여 중
학교에 보내길 바란다"라고 하고, 어린이집은 "무럭무럭 자
라는 것이 중요한데 성적에만 매몰되면 안 돼요" 하는 식으
로 말하는 것뿐이었죠.

　　그런데 밥 먹으면서 이야기하면 좀 더 편하게 이야기할 수
있고, 서로의 일에 대해 "재미있네"라고 반응할 수 있으니까
좋아요.

질문 공식적인 회의는 왜 그런 분위기로 흘러갈까요?

에비나: 서로 잘 몰라서 그런 거 아닐까요? 잘 안다면 생각이 유
연하게 바뀌기도 하니까요.

　　'선생님들과 다 함께 식사'를 계기로 하고 싶은 일에 관해
소통할 수 있게 되어 정말 좋았어요. 제가 4학년을 맡았을 때

사회 과목에서 방재를 공부했어요. 고등학교에도 방재클럽이 있는 것은 조금 알고 있었고요.

'선생님들과 다 함께 식사'에서 고등학교 선생님들과 교류하면서 방재클럽 담당 선생님과 연락하여 수업 협력 상담을 했어요. 그리하여 고등학생에게 방재클럽 활동을 소개받고, 초등학생은 조사한 일을 발표하는 상호 발표를 할 수 있었지요.

질문 선생님은 어린이가 지역에서 배우는 것의 의미는 무엇이라고 생각하세요?

에비나: 앞으로 어디서 살지 모르지만, 자신의 기반을 키우는 것은 '고향'이니까 지금 사는 곳에 자긍심을 가졌으면 해요. 자긍심을 가지려면 지역을 아는 것부터 시작해야 합니다. 알고 난 후에 생각하게 되는 것이니까요.

한편, 알고자 하면 필연적으로 사람과의 관계도 생겨납니다. 그것이 살아가는 힘이 됩니다. 다른 지역에 가더라도 자신의 지역을 알고 있으면 각각의 다름이 명확해져 시각화되는 것 같아요.

그래도 엄격한 교육적 목적으로 접근하기보다는 그저 일상생활 속에서 아이에게 전달하는 것이 더 큰 계기가 되는 것 같아요.

질문 선생님이 논에서 흙투성이가 되어 뛰어다니는 걸 봤어요.

학교, 로컬을 만나다

논에서 뒹구는 에비나 선생님(푸드허브 프로젝트 제공)

에비나: 그런 게 제일 재미있어요. (웃음)

질문 마을을 배우는 체험을 부모와 마을에 맡기는 것이 아니라
학교에서 하는 것의 의미는 무엇일까요?

에비나: 학교에서만 할 수 있는 일이 있으니까요. 학교는 아이의
발달단계에 기초해서 활동 목적과 목표를 정하기 때문에 아
이가 관심 없는 내용을 접할 수도 있어요. 하지만 공부하면서
흥미를 넓히고 그게 가정으로 이어지면서 배움이 더해지죠.

혹은 어려서부터 지역과 집에서 체험해온 것을 학교의 체계
적인 학습 내용 속에서 이해하면서 그 의미를 깨닫게 돼요. 학
교와 가정 어느 한쪽만 중요한 것이 아니지요.

에비나 선생님이 칠판에 남겨놓은 글

이야기를 들은 다음 해 에비나 선생님은 다른 지역 학교로 전근을 갔다. 특별교실 뒤의 칠판에는 전근하기 직전 에비나 선생님이 써놓은 책의 한 대목이 남겨져 있다. 그 구절을 읽는 선생님의 목소리가 그대로 들리는 것 같다.

'마을을 키우는 학력'
나는 아이들이 전부 마을에 남아야 한다고 생각하지 않는다. 다만 어떻게든 학습 기반에 국토와 사회에 대한 '사랑'을 남기고 싶다. 자기가 자란 마을을 방관하지 않고 사랑하고 키워갈 수 있도록 주체성을 심어주는 교육, 그것이 '마을을 키우는 학력'이다.

그런 학력이라면 외지에서 진학과 취직에서 실패하는 상황이 오더라도 일생을 망치는 생각은 하지 않을 것이고, 마을에서 계속 살 때 그 태어난 보람을 발휘할 것이 틀림없다. '마을을 버리는 학력'이 아니라 '마을을 키우는 학력'을 기르고 싶다. (중략)

학교, 로컬을 만나다

> 마을을 키우고 나라를 키우는 학력은 사랑과 창조의 학력이다.
> 그것은 모든 마을 아이에게 행복을 안겨주고 아이들이 이 세상에
> 태어난 보람을 발휘해주는 힘이 된다. [도이 요시오(東井義雄)『하
> 루에 한마디』에서]

에비나 선생님이 말했듯이 한 사람 한 사람의 선생님은 그런 생각
으로 종일 현장에 서 있다. 선생님이 '해보고 싶다', '재미있을 것 같
다'고 생각하면 그 에너지는 그대로 아이들에게도 전달된다. 또한,
지역과 다른 학교의 사람들과 얼굴을 마주할 때 생기는 관계성이 더
많은 에너지를 만들어 결과적으로 아이들의 건전한 교육을 지원할
수 있다.

3. 상황 만들기 ② 학교를 개편하다

기존의 틀 속에서 노력하는 것도 중요하지만 틀 자체를 고치면 새
로운 풍경이 펼쳐진다. 학과개편이 대표적인 사례이다.

1) 틀을 고치다

"학생이 지역 현장에서 배울 수 있는 과목을 만들고 싶다"라는 교

감 선생님의 요청으로 '가미야마 창조학' 과목을 만들었다. 사실 그 요청에는 전국 단위로 학생을 모집하고 싶다는 내용도 포함되어 있었다.

도쿠시마현에는 현 외 지역의 학생이 입학할 수 있는 현립고등학교가 몇 개 있어서 가미야마에도 현 외 지역에서 온 외지 학생 5명이 다니고 있다. 현 외에서 학생을 모집하면 정원 미달 현상을 극복할 수 있을지도 모른다. 그러나 공립고교가 단독적으로 현 외에 학생 모집 광고를 하기는 어려우므로 지원이 필요하다. 교감 선생님의 요청은 그런 맥락을 반영한 것이었다. 그러나 잘 진행되지 못했다.

2017년 당시 가미야마교에는 조경토목과와 생활과 2개 과뿐이었다. 이런 인지도 낮은 낯선 학과가 전국 단위로 학생을 모으기는 어렵다. 내가 농업 분야를 잘 모르기 때문이기도 하겠지만 전국의 일반 중학생들로서도 이해하기 어려운 건 마찬가지일 것이다.

선생님들이 '조경토목과'에서는 식물 재배와 식물 테라피 등을 배운다고 말했지만, 그것만으로는 졸업 후의 진로를 상상하기 어려웠다. 더구나 '농촌 부인' 양성을 목적으로 만들었던 농촌가정 과목을 1963년에 '생활과'로 명칭을 바꾸어 50년 이상 지도했기 때문에 시대 변화나 지역의 필요에 매우 뒤처진 느낌도 있었다.

지역의 필요에 맞춘 학과개편이 불가피한 상황이었다. 그렇다고 해도 나 같은 외지인이 어디까지 개입하는 게 적절한지 몰라서 망설였다. 조심스럽게 "전국적으로 학생을 모집하기 전에 학교 목표를 새롭게 설정해보는 것은 어떨까요"라고 제안했더니 아베 선생님이 적극적으로 의견을 받아들여주셨다.

그리하여 학과개편 및 마을 학교의 존재 방식에 관한 본격적인 논의가 시작되었다.

2) 공통 관심사를 중심으로 한 대화

나는 고등학교와 지역을 잇는 새로운 임무를 맡게 되었지만, 해본 적 없는 일이어서 처음에는 시행착오도 많았다. 고심 끝에 마을재생 전략 수립 과정과 오키도젠 고등학교 등 고등학교 매력사업을 전개한 사례를 참조하여 일단 2개 팀을 만들었다.

하나는 마을의 간부 공무원과 학교의 관리직을 중심으로 한 핵심팀이었다. 여기에는 면장, 부면장, 교육위원장, 산업관광과의 농업 담당 공무원, 고등학교 교장, 교감, 푸드허브 멤버, 연대공사 직원 등 10명이 참여했다.

다른 하나는 가미야마교 출신의 면의회의원, 초등·중학교 교사, 학부모, 육성회, 농가, 고등학교 근처의 주민 등 20여 명이 참여한 '학교의 내일을 생각하는 모임'(이하 내일팀)이다.

내일팀은 핵심팀에서 논의한 모든 내용이 공개되면 그 안건을 검토하고 의견을 개진했다. 또한, 가미야마교의 어려운 상황에 공감하는 사람들을 늘리는 역할도 담당했다.

핵심팀은 의욕적으로 회의를 두 번 했지만, 학교 목표를 새롭게 설정하는 데 쉽사리 합의하지 못했고, 그저 막연한 이야기만 제시할

뿐이었다. 나의 운영력이 역부족한 상황이 도래한 것이다.

그래서 진행 방식을 대폭 수정했다. 전문가를 초대하는 학습회 형식으로 바꾸고 '지역과 학교의 관계가 무너졌지만 잘 극복한 학교 사례', '환경보존형 농업', '문화적 경관 만들기' 등 학교와 지역의 관심사를 반영한 주제를 공부했다. 그 결과 핵심팀은 최종적으로 학습회를 6회 진행했고, 3개 학교를 견학했다.

3) "이 마을에서 일하고 싶다"는 학생의 목소리

내일팀은 핵심팀의 검토 사항을 전달받으며 계속 의견을 나누었다. 둥그런 형태로 둘러앉은 회의실에서 한 사람씩 이야기하는 방식

제1회 내일팀 회의 모습. 고등학생 4명도 참여

학교, 로컬을 만나다

으로 진행했다. 꽤 시간이 걸리는 방식이었지만 서로 얼굴을 보며 반응을 공유할 수 있는 효과적인 방식이다.

가장 인상적이었던 것은 외지에서 가미야마교를 다니는 3학년 학생이 "저는 이 마을이 좋아서 여기에서 일하고 싶어요"라고 말한 사건이었다. 회의장 전체에서 웅성거리는 소리가 들렸다. '마을 출신 아이가 그런 말을 했다면 그럭저럭 이해하겠지만, 외지 아이가 그런 말을 하다니'라는 생각으로 모두 뜨겁게 감명받은 듯했다.

4) 지역에서 배우고 지역과 함께 큰다

핵심팀의 학습회와 내일팀의 의견 교환을 반복하면서 희미했던 가미야마교의 목표가 좀 더 선명해졌다.

지역과 협력하여 환경보존형 농업 구현, 다양한 세대가 의견을 교환할 수 있는 거점 형성, 미래의 식·농·환경에 대한 감성과 기능을 길러 1차 산업을 잘 이해하는 사람 육성 등 많은 세부 목표가 채워졌다.

지역에서 배우고 지역과 함께 크는 학교를 만들기 위해 이제까지의 '학과제'가 아니라 '류·코스제' 운영 방식을 채택했다. '지역재생류'로 학생을 모집하는 방식이다. 1학년은 2개 조로 나누어 공통교육과정을 수행하고, 2학년부터 코스를 나누어 전문 학습을 하는 방식이다.

이렇게 류·코스제로 변경한 이유는 크게 두 가지다.

하나는 실제로 체험해보고 전문 코스를 정하는 것이 낫다고 판단했기 때문이다. 고등학교에 입학할 때 배우고 싶은 것과 장래 희망이 뚜렷한 학생은 거의 없다. 특히 전문고등학교의 수업을 쉽게 이해하기는 어렵다. 그런데 류·코스제라면 1년 동안 공통과목의 입문 내용을 배우면서 자기의 관심사를 좀 더 깊게 파악할 수 있고, 선생님이나 선배들과 상담하면서 스스로 구체적으로 결정할 수 있다.

또 다른 이유는 학급 변동의 필요성 때문이다. 작은 학교는 학생 개개인의 개성을 잘 파악하여 섬세하게 지원할 수 있는 장점이 있지만, 서로 너무 긴밀해져 관계가 고착화될 우려도 있다. 어떤 조는 잘 적응하지만 다른 조의 학생은 잘 적응하지 못할 경우 학교생활에 흥미를 잃을 수도 있다. 그러나 2학년이 되어 학급을 바꾸면 관계도 변화하여 문제가 해소될 수도 있다.

물론 이런 류·코스제로 운영에 장점만 있는 것은 아니다. 특히, 교사 수가 1명 줄어드는 문제가 발생한다. 상근 강사를 포함하여 총 15명의 교사가 있는 작은 학교에서 교사 1명이 줄어드는 방식으로 개편하는 것은 실정을 잘 아는 관리직으로서는 어려운 결단이었다.

2학년부터 운영하는 코스는 조경토목과를 '환경디자인 코스'로, 생활과를 '식·농 프로듀스 코스'로 변경했다. 또한 '가미야마분교'를 '가미야마교'로 명칭 변경했다.

이런 내용을 담은 학과개편 신청서를 현 교육위원회에 제출했고, 그다음 해 봄에 무사히 승인받았다.

5) 마을의 적극적인 참여와 의지

핵심팀 멤버 중의 한 분이 '학과개편 신청서는 가미야마교의 입장만 담고 있으니, 마을이 가미야마교에 기대하는 내용도 문서화할 필요가 있다'는 의견을 제시했다.

그분의 말씀처럼 학과개편 신청서는 고등학교의 목표와 새로운 코스로의 명칭 변경을 중심으로 하지만 그것을 실천하기 위한 구체적인 방안은 담고 있지 않았다. 그리고 고등학교가 교육위원회에 제출하는 문서였기 때문에 마을의 입장은 포함되어 있지 않았다.

2019년에 새로운 코스를 개설하기 전에 면사무소로부터 앞으로 가미야마교에 기대하는 내용과 협력하고자 하는 사항을 담은 문건을 받았다.

핵심팀 멤버로 활동한 고토 마사카즈(後藤正和) 면장은 마을 현황과 가미야마교에 대한 기대 사항 그리고 구체적인 사업 방안까지 그 문건에 담았다.

마을의 가미야마교에 대한 기대와 제안(일부 발췌)

1. 지역성을 반영한 전문적인 교육환경 조성

조니시고교 가미야마분교의 농림과가 조경토목과로 변경된 것은 저마다 주택 갖기가 유행하여 조경업이 번성하던 시대였다. 그 후에 시대 변화를 적절히 반영하여 2019년부터 조경토목과에서 환경디자인 코스로 변경하기로 했다.

가미야마분교는 마을 유일의 조경토목과를 운영하며 조경 교육의 핵심 역할을 담당했다. 이번 학과개편에서도 핵심 역할은 변하지 않을 것이며, '환경디자인'이라는 표현처럼 보다 학제적인 지식과 기능의 전수를 수행하며 조경 교육을 담당할 것이다.

한편, 본교 출신 교사가 감소하여 조경 분야의 전문교육을 수행할 수 있는 인재가 부족하다. 따라서 적극적으로 교사를 육성하고, 마을의 자연자원을 중심으로 미래 조경 교육의 존재 방식을 모색하고 실현하길 바란다.

2. 지역의 생산과 교류 거점

가미야마분교는 오랫동안 지역의 고유·재래종 수목 보호 활동에 매진하고 있다. 앞으로도 그 역할은 계속 중요할 것이다. '도토리 프로젝트'에서 시도한 지역의 씨앗에서 묘목을 키우는 기술에 대한 수요도 높아지고 있다.

그러나 기술 보유자들이 고령화되면서 기술도 쇠퇴하는 상황이다. 마을은 앞으로의 건설·녹지 공사에서 지역의 종묘를 적극적으로 이용할 계획이다.

따라서 계속 지역의 종묘를 공급할 수 있는 생산 거점이 필요하다. 학생들에게 현장 실천이 가능한 기술을 제공하고, 고등학교를 묘목의 생산 거점으로 활용하여 지역의 종자를 미래세대에게 이어주길 바란다.

3. 삼림 비전 수립

고령화와 농업 종사자 감소로 경작 방치지가 증가하고 그만큼 경관도 망가지고 있다. 방재 차원에서도 재해가 발생하면 바로 식량으로 활용할 수 있는 유채 같은 경관작물의 재배 가능성을 고려할 필요성이 높아지고 있다.

가미야마의 특징적 경관인 석축은 붕괴 방지를 위해 콘크리트로 막는 경우가 많다. 여기에는 마을의 석축 쌓기 기술가자 감소하는 것도 하나의 원인으로 작용한다.

그러나 '손자 손 프로젝트'의 의뢰가 늘어나는 것처럼 복구를 담당할 수 있는 사람이 있으면 석축 쌓기 등 경관 관련 프로젝트의 의뢰도 늘 것이다.

가마야마분교는 시험림도 있고 전문인력 교육이 가능하므로 마을의 경관 보존에 보다 적극적인 역할을 할 수 있다. 또한 학생들도 사회에 공헌하는 인재가 되어 자연과의 공생을 배우고 풍부한 교양과 기술을 익히길 바란다.

마을에서 제시한 이 문서에는 학교와 학생의 역할 실현을 위한 마을의 자금, 시설, 기획 지원 방안 등 적극적인 참여 의지도 표현되어 있다.

어떻게 보면 가미야마교는 현립 고등학교이기 때문에 마을의 관할 밖의 학교일 수도 있는데 면사무소는 이에 개의치 않고 적극적으로 참여 의지를 밝힌 것이다.

6) 이념, 길잡이, 자금의 3박자

이런 노력이 진행되고 있다 해도 새로운 교과과정을 구성하기란 쉬운 일이 아니다. 잘 진행하지 못하면 그저 학교 간판만 바꾼 것으로 끝나버릴 수도 있는 상황이었다.

이때 행운이 따랐다. 새로운 학과 개설 허가를 기다리던 2018년 여름, 문부과학성은 고등학교 거점의 지방재생사업을 발표했다. 지역의 과제를 연구하고 실천적인 직업교육을 실시하는 고등학교를 공모하며 50개 시범학교를 선정하겠다는 것이다. 고등학교가 지역 진흥의 핵심 역할을 하는 교육을 실행하겠다는 것이었다.

가미야마교의 시도와 딱 맞는 사업이었다. 소규모였던 가미야마교에 백만 엔 단위의 예산이 투입되면 엄청나게 큰 원동력이 될 수 있다. 또한 그때까지는 현 교육위원회와 마을 간에 정보 교류 기회가 없어서 — 이 사업은 현 교육위원회가 지원 주체가 되어야 하는 사업이기 때문에 — 현에 마을의 실상을 알릴 수 있는 절호의 기회이기도 했다.

그래서 마을이 학교에 제안한 내용을 그대로 사업계획서에 담아 사업을 신청하기로 했다. 당시 부임 1년 차였던 교감 선생님을 중심으로 한 달 동안 연구 내용, 실시 계획 등 방대한 양의 서류를 작성했고, 마을의 각종 기관에 설명하러 다녔고, 현 교육위원회와 내용을 조정했다.

서류심사, 면접심사를 거쳐 새 과정에 신입생이 들어오기 전인 3월 말에 무사히 선정되었다는 소식을 듣고서야 겨우 안도의 한숨을 쉴 수 있었다.

2019년 봄, 자금과 실행 체재가 정비된 상태로 '지역에서 배우고 지역과 함께 크는 가미야마교'의 첫걸음을 내디뎠다.

여기까지 6년이 걸렸다. 그 과정에서 나와 4명의 교감 선생님이 함께 일했다. 교감 임기는 보통 2-3년인데 당시에는 이런저런 사정으로 해마다 새로운 교감 선생님이 왔다. 다행히 그분들 모두 이런 취지와 필요성에 공감해주셨는데 그렇지 않았다면 그저 학과명과 학교명만 바꾼 채로 끝나버렸을 것이다.

현의 교육과 마을 방향성의 균형 조정 역할, 야스나가 기요시

학과개편이라는 큰일을 주도적으로 이끈 것은 야스나가 기요시(安永潔) 당시 교장 선생님이다. 온화하고 유머러스한 야스나가 선생님은 현 교육위원회, 마을 그리고 고등학교 사이에서 적절한 조정 역할을 하며 학과개편 작업을 진행했다.

질문 학과개편 이야기가 나왔을 때 어떻게 생각하셨나요?

야스나가 : 지금 시대의 흐름은 'Think Globally, Act Locally', 즉 '지역이 건강해지면 세계를 밝게 할 수 있다'입니다. 특히 농업고등학교는 지역밀착형 교육이 중요하다고 생각합니다.

그래서 부임 2년 차의 테마를 '연결'로 정하고, "'연결하다'를 실천해서 '이어지다'를 실감할 수 있는 학교 만들기"라는 슬로건도 내걸었어요. 마을의 재생전략과 최근의 시대 변화가 정말 잘 맞아떨어진다고 생각했지요.

그런 상황에서 학과개편이 논의되었습니다. 고토 면장님과 다카하시 교육장과의 회의도 큰 도움이 되었지만 연대공사도 정말 중요한 역할을 했습니다. 그 과정에서 역시 교육 코디네이터 같은 존재가 필요하다고 실감했어요.

질문 좀 더 구체적으로, 코디네이터 활동에 대해서는 어떻게 평가하시나요?

야스나가 : 학교끼리 연대의 폭을 넓히고 싶어도 접점을 찾기는 쉽지 않아요. 그런데 코디네이터가 있으면 연결 고리를 만들 수도 있고 그 범위도 확대할 수 있을 것 같아요. 코디네이터는 마을, 교육, 학생의 일에 대해 잘 파악하고 있으니까요. 물론 다른 사람들도 그런 움직임에 호응하는 환경이 만들어지는 것도 중요하지요.

핵심팀에서 회의하는 야스나가 선생님(사진 중앙)

질문 학과개편 과정은 어떤 경험이었다고 생각하시나요?

야스나가: 교사가 마을 주민과 함께 마을과 교육의 미래에 관해 의견을 나눌 기회는 거의 없지요. 그런데 이 작업을 하면서 그런 기회를 경험할 수 있어서 너무 좋았어요.

핵심팀과 내일팀의 활동을 하면서 교육의 역할을 다시 생각해볼 수 있었죠. 과거로부터 이어진 지역의 많은 유산을 미래세대에게 이어주고 싶고, 이는 사람의 성장을 위해서도 중요한 것이라고 느꼈습니다.

마을 만들기의 연장선상에서 손자 손 프로젝트에서 학생의 기술을 활용하는 것이 참 좋았어요. 교육활동으로 시간이 채워지고, 학생들도 완전한 체험을 할 수 있었죠.

넓게 보면 학과개편안은 농업과가 아니어도 좋았어요. 하지만 농업과 범위의 개편안이 아니면 절대로 허가하지 않을 것 같았어요. 그리고 어쨌거나 농업이 지역의 핵심 산업이기도 했고요.

현 교육위원회의 허가가 꼭 필요했던 상황이었고, 현의 교육방침과 마을의 방향성 사이의 균형을 찾는 것이 내 역할입니다. 주민 의견을 차근차근 반영해서 학교교육을 진행하는 실질적인 커뮤니티 스쿨을 만들고 싶었습니다.

움직이는 학교와 그렇지 않은 학교는 분위기가 달라요. 의욕 있는 교사가 있으면 학교 분위기도 활기차게 느껴지죠. 지금 우리 학교는 애쓰고 발버둥 쳐야 겨우 유지할 수 있는 상태입니다.

"애쓰고 발버둥 쳐야 겨우 유지할 수 있는 상태"라는 야스나가 선생님의 말에 가슴이 철렁했다.

이대로라면 폐교라고 수군거리던 상황에서 최근 6년간 마을 외부에서도 학생이 오는 상황으로 변했다. 그러나 여전히 안심하기는 이르다. 학생이 줄면 바로 폐교 이야기가 또 나올 것이다. 손 놓고 있으면 이제까지 애써온 흐름이 물거품이 될 것이고, 그렇다고 무리하게 힘을 쓰면 모두가 피폐해질 수 있다. 결승점 없는 마라톤처럼 말이다.

학교, 로컬을 만나다

7) 땅을 일구고 마음을 닦는다

2019년에 채택된 후 3년 동안 이어진 코로나 위기 때문에 활동이 연기되고 변경된 적도 많았지만, 끊임없는 노력으로 '지역에서 배우고 지역과 함께 크는 가미야마교'라는 목표를 달성했다.

문부과학성 사업 2년 차인 2020년에 새로 부임한 이케다 가쓰히코(池田勝彦) 교감 선생님은 전임 교감으로부터 역할을 이어받아 연구 개발 결과를 정리하고 교육과정 활성화를 위해 노력하고 있다.

"무엇을 배우고 무엇을 몸에 익히게 할 것인가를 한눈에 알 수 있는 교육과정을 만들고, 학생들에게 농업의 즐거움을 알게 하고 싶어요. 농업에 종사하는 것은 당사자들의 문제겠지만 마을에서 농업을 잘 아는 사람으로서 농업을 지탱하고자 하는 의욕을 갖고 졸업하면 좋겠습니다."

마을이라는 현장에서 지역과 협력하며 배우는 가미야마교 스타일은 6년간 거의 정착했다. 그런 상태에서 농업고등학교의 가치를 더 높이고 싶다는 것이 이케다 선생님의 포부다.

"교육에는 불역유행(不易流行)*이란 말이 있습니다. 가미야마교

---

*'본질은 바뀌지 않으면서 끊임없이 변화한다'는 의미. (역주)

의 불역(본질)은 농업이죠. 현에 농업전문고등학교는 가미야마교
외에는 없습니다.

　그런데 일반 교과목을 못하는 학생이더라도 풍부한 감성이 있
다면 농업 공부를 할 수 있어요. 그래서 아이들이 생명을 중시하
는 마음을 갖고 졸업하길 바랍니다. 땅을 일구는 것처럼 자신의
마음을 닦아 자기와 주변 사람들의 생명도 길러가길 바래요."

도시에 공급하기 위해 농업을 공업화하고 균일한 상품을 판매하
는 슈퍼마켓이 들어서면서 농작물이 지역성을 잃어버렸다는 말을 들
은 적이 있다.

도시로 돈 벌러 가는 것을 장려하고 전국 공통으로 측정할 수 있
는 '학력'만 중시한 결과, 토지에서만 느낄 수 있는 감성과 기술의 습
득 기회가 줄어들어 버린 시대 변화를 개탄한 말이다.

시대 흐름에 그냥 따라가면서 살면 무엇을 잃어버리게 될까. 지금
우리는 어떤 흐름 속에 있는가. 학과개편을 계기로 고등학교의 존재
방식을 고치는 것은 그런 것들을 발견하고 고치는 시간이기도 하다.

4. 상황 만들기 ③ 연대공사라는 톱니바퀴

나는 교육 코디네이터로서 면사무소와 고등학교를 연결하는 역할
을 담당해왔다. 나 말고도 '손자 손 프로젝트'를 담당하는 우메다(梅
田)도 코디네이터다. '도토리 프로젝트'를 담당하는 아카오도 면사무

소와 주민, 주택개발 관계자 사이에서 코디네이터 역할을 해왔다.

이렇게 여러 분야에서 면사무소와 지역, 필요한 조직과 사람을 연결하는 존재가 지역공사인 가미야마연대공사다.

나도 처음에는 지역공사라는 기관을 잘 몰랐다. 지역공사는 공공시설 관리 운영 등 행정의 출자를 원천으로 운영되는 조직인 경우가 많다.

지역공사 아이디어는 2015년에 제시된 '마을을 미래세대에게 이어주는 프로젝트' 수립 과정에서 핵심 역할을 담당하여 이후에 공사를 설립한 후에도 이사로 참여한 니시무라 요시아키(西村佳哲)에게서 나왔다. 니시무라는 가미야마연대공사의 특징을 이렇게 설명한다.

> "일반적인 '지역공사'는 토지개발공사, 농업공사 등 특정 목적을 위해 만듭니다. 지역진흥공사라는 기관이 있기도 하죠.
> 가미야마연대공사는 단순 기능·단순 장르형의 수직적인 조직이 아니라 영역 횡단성이 높은 점이 특징입니다."

연대공사의 담당 영역은 '마을을 미래세대에게 이어주는 프로젝트'에 연결되어 있어 그에 따라 목표로 하는 상황과 이를 달성하기 위한 영역에 따라 구분할 수 있다.

예를 들어 제1장에 소개한 '도토리 프로젝트'는 공동주택 건설 과정에 주거 만들기와 사람 만들기가 결합한 형태다. 또한 공동주택 자체가 마을 인력을 활용한 일자리 만들기, 목재를 통한 지역 내 경

'마을을 미래세대에게 이어주는 프로젝트'에서 목표로 하는 상황과 영역

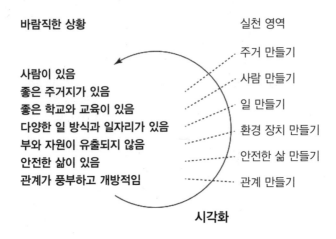

바람직한 상황	실천 영역
	주거 만들기
사람이 있음	사람 만들기
좋은 주거지가 있음	
좋은 학교와 교육이 있음	일 만들기
다양한 일 방식과 일자리가 있음	환경 장치 만들기
부와 자원이 유출되지 않음	
안전한 삶이 있음	안전한 삶 만들기
관계가 풍부하고 개방적임	관계 만들기

시각화

제순환, 에너지 이용 등 다양한 요소를 포함한다.

이처럼 하나의 프로젝트에 영역이 다른 여러 과제를 동시에 다루는 것은 인원이 한정된 지방에서 일자리 배분 방식으로써도 중요하다. 복잡한 사회 속에서 기존 조직과 틀만으로는 취급하기 힘든 일이 점차 늘고 있다.

1) 그림의 떡으로 끝나는 계획은 만들고 싶지 않다

마을 재생전략 수립 과정과 연대공사 설립 과정에 대해서는 《아사히신문》의 간다 세지 기자가 마을의 100명 이상을 취재한 책『가미야마 진화론: 인구감소를 가능성으로 바꾸는 마을 만들기』*에 잘 나와 있으므로 여기에서는 간략한 소개만 한다.

인구 급감과 초고령화를 배경으로 각 지역이 자율적으로 지속가 능한 사회를 만들어내야 한다는 '마을·사람·일 창생법'이 2014년에 제정되었다.

가미야마에서는 40대 이하의 면사무소 공무원과 지역주민 등 약 30명으로 구성된 워킹그룹이 반년 동안 준비하여 마을재생전략을 만들었다.

그 과정에 니시무라와 면사무소 총무과 기획조정계의 도치타니 마 나부(杼谷學)가 적극적으로 참여했다. 경력이 풍부한 도치타니는 마 을의 계획을 외부 컨설팅에 맡기거나 주민과 공무원의 의견을 수렴 하더라도 실행 주체가 없으면 그림의 떡으로 끝난다는 사실을 잘 알 고 있었다.

따라서 워킹그룹 회의는 주민 의견을 듣고 사무국이 정리하는 형 태가 아니라 구성원 모두가 지역의 미래를 자기 일로 생각하는 정도 의 강도로 의견을 교환하는 방식으로 진행되었다.

그 결과가 (제1장 '콩깍지 프로젝트'에 등장한) 주식회사 푸드허브 프로젝트다. 푸드허브는 본가가 농업을 하는 면사무소 공무원 시 라모모 가오루(白桃薫)와 모노사스**의 마나베 다이치(眞鍋太一)가 워킹그룹에서 만나 농업과 먹거리에 대한 문제의식을 공유하면서 의 기투합하여 만든 회사다.

---

*번역서 제목은 『마을의 진화』. (역주)
**모노사스는 마을재생전략 수립 2년 전에 가미야마에 위성사무실을 만든 회사다.

처음에는 "또 귀찮은 일을 하는구만"이라고 반응하며 별로 의욕적이지 않던 시라모모가 정작 보고회에서는 "면사무소를 그만두더라도 하고 싶다"고 폭탄선언을 해서 면장이나 회의에 참여한 모두가 놀란 일화는 유명하다.

워킹그룹에서는 푸드허브처럼 법인 형태의 결과물뿐 아니라 많은 과제와 아이디어가 제시되었고, 이것을 정리한 것이 가미야마의 재생전략 '마을을 미래세대에게 이어주는 프로젝트'다.

문제는 누가 그 추진 역할을 담당하는가이다. 지방재생사업과 비슷한 종류의 일을 시작할 때 '지방창생추진과' 등 새로운 부서를 설치하는 지자체도 있지만, 가미야마는 그런 형태를 취하지 않고 민관 협동의 새로운 조직을 만들었다.

민관협동 조직을 만든 이유를 '마을을 미래세대에게 이어주는 프로젝트 ver. 1.0'에서는 이렇게 밝히고 있다.

"행정이 주도적으로 진행하면 당해 연도 예산에 따른 사업 공백 기간이 발생하여 활동을 연속적으로 이어서 하기 힘들고, 형평성이 깨질 수 있고, 의욕과 가능성 있는 활동을 늘리기 힘들고, 각 영역이 처한 환경이 다르기에 협동의 부조화가 발생할 수 있다.

민관만으로 진행하면 면사무소, 인근 지자체, 현, 정부와의 연대가 어렵고 경제적 합리성에만 편중하여 공익성을 확보하기 어려울 수 있다.

따라서, 민관 양쪽의 협동 체제에 따른 연속적이고 확장성 있는 프로젝트를 진행하여 효과적인 과정을 만들고 좋은 성과를 낸다."

이런 이유로 가미야마연대공사가 만들어졌다. 2016년 면사무소와 NPO법인 그린밸리가 법인의 사원이 되어 설립되었다. 전략 수립을 주도적으로 진행한 사람들을 이사로 선임하고, 새로 직원을 뽑아 조직을 구성했다. 전체 10명 중에 가미야마 출신이 5명이었는데, 그중에 면사무소를 그만둔 도치타니가 대표이사, 시라모모는 연대공사의 농업 담당으로서 푸드허브의 농업장이 되었다. 나를 포함한 나머지 5명은 최근 혹은 연대공사 설립을 계기로 이주한 사람이다. 남녀 비율은 거의 반반이고, 연령은 20대부터 60대까지 폭넓다.

2) 가능성이 있는 곳에 사람이 모인다

'마을을 미래세대에게 이어주는 프로젝트'는 2060년 기준으로 인구가 3,000명 이하로 떨어지지 않게 하는 것을 목표로 제시했다. 매년 11명의 사회적 인구증가가 이어지면 1학년당 어린이 20명을 유지할 수 있다는 계산에서 나온 결론이다.

그러나 그저 인구만 유지하면 그만이라는 의미는 아니다. 가능성 있는 상황을 만드는 것이 목표다. 그 기반에는 사람이 무엇보다 중요하다는 생각이 들어있다.

사람들이 마을에서 가능성을 느끼고 이주하고 돌아오기도 하게 하려면 부분적인 과제 해결에만 그칠 것이 아니라 전체적인 매력과 납득이 필요하다. 앞서 제시한 7가지 바람직한 상황의 조합을 통해 지역에서 가능성을 느끼게 되는 것이다.

일단 상황이 만들어지면 그것을 매일 알림으로써 더 새로운 만남으로 이어지는 선순환이 생긴다. 순환의 힘이 형성되면 장기간 지속될 수 있다.

지역에서 제일 중요한 자원은 '사람'이다. 양질의 자원이 있어도 그것을 가치 있게 만들 수 있는 사람이 없다면 어떤 가능성도 형태가 되어 공유할 수 없다. '사람'이 무엇보다 중요하며 그 '사람'과 '사람'의 조합으로 미래의 지역을 만들 수 있는 활동과 일이 생긴다.

마을에서 사람들의 활동과 일의 존재 방식은 역사 속에서 계속 변했다. 어떤 시기에나 변화의 계기는 그때까지 없던 새로운 아이디어에서 나왔다. 새로운 아이디어는 기존에 있던 것들을 새롭게 조합하여 만든 것이며, 조합의 풍요로움은 '사람'의 다양성에서 유래한다.

마을을 미래세대에게 이어주기 위해서는 다양한 사람들의 존재와 그들의 협동이 필요하다. ('마을을 미래세대에게 이어주는 프로젝트 ver. 1.0'에서)

사람과 사람이 만나 협동이 진행된다. 그 수단의 하나로 면사무소 단독으로는 실행하기 어려운 부분을 함께하는 연대공사가 있고,

그들의 실천으로 고등학교 프로젝트가 진행되었다.

행정과 민간, 지역과 학교, 주민과 전문가가 각각의 힘을 발휘하여 조정 역할을 하거나 앞장서서 일한다. 이런 다양한 변화가 이루어지는 것이 연대공사 사업의 특징이다.

모두 함께 생각해도 누구도 움직이지 않는 것이 가장 큰 문제, 도치타니 마나부

마을재생전략 발표 후 3개월 만에 자금과 직원을 준비하여 법인을 설립했다. 대표이사는 면사무소에서 파견한 도치타니다.

그는 면사무소에서 마을에 이주한 수많은 위성사무실의 인프라로 작동하는 광통신망 부설 공사를 담당했으며 통합계획 수립과 마을부흥협력대의 NPO법인화 등을 추진한 실행력이 뛰어난 실무자다.

마을 외부에서 이주한지 얼마 안 됐고, 행정과 협업에도 서투른 나나 다른 연대공사 직원들을 위해 도치타니는 항상 면사무소와 지역의 연결자가 되어주었다.

도치타니는 마을의 재생전략에 대해 "계획 수립만으로는 안 된다. 실행할 사람이 있는 것이 중요하다"라고 강조한다.

새로운 조직은 누군가에 맡기고 자신은 면사무소 측에서 지원하는 방식도 가능했을 텐데 일부러 면사무소를 그만두고 대표가 되기로 했다. 그 이유가 무엇일까.

질문 마을재생전략을 진행하기 위해 새로운 법인을 만들려고 한 배경은 무엇인지요?

도치타니: 재생전략을 만들기 전에는 마을의 제4차 통합계획 수립을 담당했습니다. 2년 동안 주민들을 위원으로 초빙하고 각과의 의견도 수렴하고, 주민 대상의 설문조사도 실시하면서 준비했지요.

그런데 다 만들고 나서 실행하려고 할 때 일이 틀어지기 시작했습니다. "정부에서 보조금이 나올 테니 그때까지 기다려보자"라는 의견이 제시되었어요. 면사무소의 공무원들이 자기 일이라고 생각하며 일하지 않았던 거죠. 매우 쓰라린 경험이었습니다.

이주자와 지역의 핵심 활동가들이 모여 '2015년 가미야마의 모습을 생각하는 모임'을 만든 적도 있습니다. 그러나 결국 "누가 할까"라는 상태에서 멈추고 말았지요. 고등학교와 좀 더 연결되어야 한다는 의견도 있었지만, 그때도 "누가 할건데?"라며 일을 떠미는 형국이 되어서 크게 낙심했던 적도 있습니다.

새로운 조직을 만든다면 지역부흥협력대원들이 임기를 마친 후에 하자며 2015년에 비영리법인을 만들었습니다. 면사무소 직할로 만들면 예산집행의 융통성을 발휘하기 어려워지

학교, 로컬을 만나다

기 때문에 아예 비영리법인으로 했습니다.

면사무소 담당자로서 열심히 노력했지만, 설립 직후에 담당이 바뀌었어요. 면사무소의 상사가 비영리법인보다는 지방 재생전략에 더 관심이 있었거든요. 전 큰 충격을 받았죠. 새로운 담당자에게 인수인계도 잘되지 않아서 의견 충돌이 있었습니다.

질문 계획이나 실행 단계에서 '자기 일'이라고 생각하고 대표직을 수락하신 건가요?

도치타니: 고민이 많았습니다. 저는 그저 실무 지원을 하고 부면장 정도가 연대공사 대표를 맡아주었으면 했어요. 주변에서는 "세대교체가 필요하다", "새로운 사람이 해야 한다"라는 의견도 있었습니다.

'그게 나를 말하는 건가?'라는 생각도 들었고, 파견으로 이런 불투명한 시도에 뛰어드는 게 맞나 하는 의구심도 있었어요. 한동안 고민하다가 결국 하기로 결심했습니다.

내가 계획을 만든 장본인이기도 하고 그보다는 애써 계획을 만들었는데 작동해야만 한다고 생각했어요. 모처럼 모두 함께 노력했는데 누구도 움직이지 않는 상황이 만들어지는 건 최악이니까요. 대표직 자체보다는 기왕 만들었으니 내가 책임지고 이 조직이 작동하도록 하고 싶다는 생각은 했습니다.

질문 주민들에게 설명할 때 어떤 점을 가장 강조하셨나요?

마을의 상황과 계획 추진 상황을 알리는 보고회(1년에 두 번 개최)

도치타니: 연대공사를 만든 후에 주민들에게 "가미야마연대공사
　　　의 도치타니입니다"라고 전화했는데 못 알아들으시더라고
　　　요. 그래서 우선 연대공사에 대한 설명만 한 1, 2년 동안 했
　　　습니다.

　　　마을의 상태, 연대공사의 계획 등에 관해 노인회 등을 찾아
　　다니며 출장 설명회도 했어요. 그다음은 마을의 버스투어*에
　　도 매번 동행하여 이동 설명회도 했습니다.

　　　요즘에는 기관 안내에 주력하는 것보다는 나 같은 면사무
　　소 공무원이 이런 것이 필요하다, 한번 해보고 싶다며 열심히

---

*마을 버스투어는 마을 방문자들이 버스를 타고 상점과 위성사무실 등
을 돌아보는 프로그램이다. 고등학생부터 고령자까지 다양한 연령이 참
여한다. 2021년 12월까지 총 63회, 803명이 이용했다.

하는 모습을 보면 주민들도 안심할 것이라는 생각이 듭니다. 제가 일하는 모습 자체를 보여주는 게 더 중요한 것 같아요.

나도 도치타니의 의견에 공감한다. 연대공사가 만들어진 직후에는 내 소개를 해도 사람들이 잘 알지 못했는데 "도치타니와 같이 일하고 있는"이라고 소개를 보태면 주민들이 "아, 그래요?"라고 반응했다.

도치타니는 면사무소 공무원이나 주민으로서 사람들을 많이 만났기 때문에 그에 대한 사람들의 신뢰가 두터웠고, 우리는 그 신뢰의 토대 위에서 좀 더 원활하게 일할 수 있었다.

고착화되고 식기 쉬운 곳에 불을 붙이는 존재, 바바 다쓰로

면사무소 공무원의 파견은 기본적으로 3년이며 최대 2년을 연장하여 5년까지 할 수 있다. 파견 기간이 끝난 도치타니가 면사무소로 돌아간 후에 후임으로 바바 다쓰로가 왔다.

마을 출신의 총무과 직원으로 공동주택의 프로젝트 매니지먼트 담당, 제1기 마을재생전략 멤버에 이어 제2기 마을재생전략 수립의 핵심 역할을 한 인물이다. 바바는 1973년생인 도치타니보다 10살이 어렸기 때문에 주위에서는 세대교체라고 평가했다.

질문 연대공사의 가치를 어떻게 평가하세요?

바바: 행정에서 할 수 없는 시도를 했고, 그 점을 고맙게 느낍니다. 연대공사 직원들은 지역에서 횡적인 관계를 만들기 쉬운 존재인 것 같아요.

"면사무소가 하면 그걸로 된 거지", "면사무소가 직접 지역의 힘을 빌리면 돼"라고 생각하기 쉽지만, 건설과가 없으면 토목 관계자와 만날 기회가 없고 건축 발주가 없으면 목수와 만날 기회도 없어요. 공무원으로서는 횡적인 일을 만드는 것이 힘들거든요.

조직 안에서 같은 물을 마시고 살면 어느새 점점 무력해지는 일이 왕왕 생깁니다. 동종 업계에서는 딱 그 정도의 사고방식만 하게 되니까요. 그런데 연대공사는 고착화되고 식기 쉬운 곳에 불을 붙이는 존재 같아요. 행정에 새로운 사람과 사고방식을 투여하는 존재가 있는 것은 고마운 일이지요.

질문 면사무소에는 여러 곳에서 다양한 의견과 요구가 들어오지 않나요?

바바: 그렇긴 해도 면사무소가 일방적으로 해결하는 것보다는(그렇게 하기도 어렵고) 민관 협력으로 만들어야 서로 이해도를 높

일 수 있는 것 같아요. 면사무소와 전혀 상관 없는 입장으로 연대공사를 설립했다면 여기까지 올 수 없었을 거예요.

질문 면사무소에서는 면사무소를 잘 아는 사람이 대표이사라서 좀 더 안심하겠죠?

바바: 내가 그런 역할을 할 수 있다고 느끼긴 합니다.

질문 연대공사가 존재하기 때문에 면사무소가 할 수 있게 된 일은 뭐가 있을까요?

바바: 틀에 박힌 일 외에도 참여하기 쉬워졌어요. 행정 일이란 게 1년 단위로 정해진 일만 하잖아요. 그 기간 내에 무슨 일이 일어나더라도 자신이 맡은 일이 최우선이라고만 생각하게 되지요.

그런데 '마을을 미래세대에게 이어주는 프로젝트'를 수립한 후에는 새로운 프로젝트가 많이 진행되어서 이제는 '해보자'는 움직임이 너무도 자연스러워졌어요. 그냥 적응된 것 같아요.

그리고 연대공사가 가까이 있기 때문에 일하는 방식을 가까이서 느낄 수 있는 것도 좋아요. 애초에 파견은커녕 민간과의 왕래조차 적었잖아요.

지금은 총무과의 기획조정계 직원과 주 1회 미팅을 해요. 전에는 그런 미팅도 없었고 회의라기보다는 총회 형식의 행사

보고회에서 사회를 보는 도치타니(오른쪽), 바바(왼쪽)

만 있었고 옆 사람과 의견을 나눌 기회도 없었는데 말이죠. 연대공사와 일하면서 회의 방식이나 프레젠테이션도 배우고 여러모로 개방적인 분위기가 만들어져서 좋아요.

질문 주민들의 변화도 느끼나요?

바바: 이전에는 면사무소에 상담할 일들을 지금은 연대공사에 와서 상담하세요. 평소라면 산업시찰과에서 다룰 안건이나 교육위원회로 찾아갈 안건까지 들고 오시죠. 상담하기 편한 곳으로 느끼는 것 같아요. 연대공사를 공적인 일을 다루는 곳이라고 생각하는 듯하여서 존재감이 달라진 기분입니다.

학교, 로컬을 만나다

행정과 주민의 관계성은 오래된 문제다. 그런 점에서 도치타니의 "면사무소 공무원이었던 사람이 (연대공사에서) 열심히 하는 모습을 보면 주민들도 안심한다"라는 말은 꽤 인상적이다. 작은 지자체에서도 주민은 행정과 거리감을 느끼기 때문이다.

그런데 이제 주민 의견을 듣기 위해 적극적으로 현장을 다니는 공무원의 모습은 이 마을뿐만 아니라 다양한 지역에서도 볼 수 있다. 주민 워크숍 등에서도 주민은 행정에 일상적인 고민을 제시하고 의견을 말하기도 한다.

교과서적으로 말하면 민주주의를 채택하는 우리 사회에서 입법부인 의회는 자치의 중요한 결정을 하고, 행정은 의회가 정한 것을 실행한다. 그러나 실제로는 행정이 의회 결정의 전 단계에서 많은 일을 취급한다.

그러므로 주민이 느끼는 지역의 실태와 고민을 행정에 전하거나 주민 스스로 참여하는 방법을 더 모색할 필요가 있다.

그런 관점에서 보면 바바가 "이전에는 면사무소에 상담했을 일들을 지금은 연대공사로 들고 오는 것처럼"이라고 말했듯이 연대공사의 존재는 주민과 행정의 관계방법을 보다 다양화하고 일상화하는 시도라고 할 수 있다.

5. 코디네이터라는 업무

교사는 매일 수업, 학교 행사, 그 외에 여러 업무를 하므로 지역과의 연대와 홍보 활동 등 새로운 업무가 추가되면 부담이 늘 것이다. 또한 전근 등 이동이 빈번해서 지역과 장기적인 관계를 구축하기 힘들다.

반면, 코디네이터는 학교와 지역인재 또는 행정과 징검다리 역할을 지속해서 수행할 수 있는 존재다. 2008년부터 초등·중학교에서는 학교·가정·지역의 연대 체제 구축이 진행되었고, '지역 코디네이터'는 전국에 2만 명 이상이다(2019년 5월 기준). 대부분 50대 이상으로서 학부모회 관계자나 퇴직 교원 등이다.

초등·중학교의 교사 전체 인원에 비하면 적지만 고등학교에서도 과소화와 통폐합에 위기감을 가진 지역을 중심으로 코디네이터들이 활동하고 있다. 정확한 통계는 없지만 20-30대가 많고 지역연대 수업이나 지역 밖으로의 정보 제공과 홍보, 해외와의 교류 등 지역을 넘나든 활동을 활발하게 하는 것 같다.

코디네이터의 일은 지역에 따라 다양해서 한마디로 표현하기 힘들기도 하다. 가미야마교에서도 제2장에서 소개한 지역연대 수업과 활동 기획·실시 외에 인턴십 조정, 학생 모집 홍보, 총괄 계획 지원 같은 학교 운영 관련 업무까지 여러 가지 일을 담당한다. 또한, 교사 교류회, 학교·행정·지역을 연결하는 학습회 운영도 담당한다.

나는 코디네이터로 활동하기 시작하면서 몇 가지를 결심했다.

1) 의견 청취 기회 만들기

'선생님들과 다 함께 식사'를 제안한 에비나 선생님은 "회의 형식으로 모이면 일방적으로 서로의 요구만 말하는 장이 되기 쉽다"라고 말한다. 상대방의 처지를 잘 모르고 회의 시간은 정해져 있는 상황에서 일방적인 요구만 말하면 듣는 쪽에서는 선뜻 수용하기 어렵다. 그래서 좀 더 편한 환경에서 우선 다른 학교 선생님들을 알아가는 것부터 시작하자는 것이 그 기획의 목표였고 에비나 선생님의 부탁이었다.

학과개편 기획을 한 야스나가 선생님은 "교사들이 주민들과 지역과 고등학교 그리고 교육에 관해서 말할 기회가 드물었다. 그런 기회가 마련되니 흥미를 느꼈고 의욕이 생겼다"라고 말했다.

다른 입장을 가진 사람들과 평등한 위치에서 만나서 이야기할 수 있도록 하고, 그 관계성을 키우는 장을 만드는 역할을 하는 사람이 코디네이터다. 그 과정에서 새로운 시도가 만들어지면 시간이 지나 서서히 뿌리내리고 싹을 틔울 수 있다.

그저 얼굴만 보는 것이 아니라 서로의 의견을 공유하는 장이 되면 더 좋다. 듣는 일의 중요성에 관해 고민하고 있을 때 마침 어떤 워크숍이 생각났다.

대화형 감상(VTS, Visual Thinking Strategy)이라는 교수법이 있다. 지식 편중형 일방통행식 미술 교수법을 반성하며 1980년대 중반에 뉴욕현대미술관에서 개발한 것이다.

VTS에서는 참여자들이 한 장의 회화를 보고 느끼는 감상을 자유롭게 이야기한다. 작가의 의도를 맞추는 것이 목적이 아니기 때문에 서로 다양한 감상을 공유한다. 다른 사람의 말에 귀를 기울이면서 공감하고 그 과정에서 처음에 자신이 느낀 인상과 해석이 달라지기도 한다.

나는 미술관에 가면 넓은 공간을 그저 돌고만 나오는 타입이다. 그러나 VTS에 참여해서 사람들과 한 장의 그림으로 30분 정도 이야기했던 경험이 있다. 내 생각을 잠시 접고 다른 사람의 말에 기울이다 보면 생각이 깊어진다. 무엇보다 그런 변화가 기분 좋았다. 이야기하고 나면 30분 전의 내 생각과는 전혀 다른 관점을 갖게 되는 신선한 경험이었다.

VTS의 본래 목적은 관찰력·비판적 사고력·소통 능력을 기르는 것이지만 예술을 즐기면서 사람들과 생각을 공유하고 내면에 나타나는 변화를 경험한다는 의미도 있다.

대화형 감상을 리드하는 사람은 퍼실리테이터*와 커뮤니케이터들

---

*퍼실리테이터(facilitator)는 조직 역량 개발, 개인 변화, 문제해결, 갈등 관리, 전략 수립, 조직 개발, 조직 문화, 지역 개발, 정책 수립 등을 지원하기 위해 의뢰자의 니즈를 파악하고 운영 방안을 마련하여 구성원의 의견과 최적의 해결책을 끌어내어 제시하는 사람이다(네이버 지식백과). 유사어로서는 갈등조정자, 모더레이터(moderator)가 있다. 의뢰받은 주제에 관한 정보를 제공하는 컨설턴트보다 훨씬 더 능동적이고, 민간 영역에 국한하지 않고 공공영역에서도 활동한다는 점에서 활동 범위가 넓다. 이 책에서는 촉진자라는 번역어보다 (국내에서도 흔히 쓰는 용어이기 때문에) 별도의 번역 없이 퍼실리테이터라고 표기한다. (역주)

이지만 그들이 하는 역할은 코디네이터와 매우 비슷하다.

답 없는 일을 두고 의논할 때 "각자 의견을 말해봅시다"라고만 해서는 별로 효과가 없다. 학과개편을 위한 핵심팀에서는 의견 교류의 장을 만드는 것까지는 성공했지만 정작 실제 회의는 잘 전개되지 않았다. 논점이 추상적이고 애매했기 때문에 뜬구름 잡는 이야기만 오갔다. 진행 역할자의 준비가 부족해서였다.

그런데 주제와 의견의 핵심을 구체적으로 제시한 학습회 형식으로 바꾸고부터는 참여자들의 경험과 의견이 풍부하게 제시되었다. 결국 진행 방법과 내용에 따라 회의의 질은 달라지는 것이다.

당사자의 말을 듣는 것도 중요하다. 내일팀에서 고등학생이 소신껏 말한 것은 전환의 계기가 되었다. 마을 출신이 아닌데도 마을에서 일하고 싶다는 그 학생의 생각은 직접 듣지 못했다면 믿기 힘든 말이었다. 그 후에도 그 학생은 종종 회의 장소에 나타났다.

그렇게 회의의 질을 높이는 것이 코디네이터의 묘미이며 재능을 키울 수 있는 지점이다.

2) 거창한 비전에서 시작하지 말 것

면사무소 입장에서 바바는 "연대공사는 고착화되기 쉽고 식기 쉬운 곳에 불을 붙이는 존재"라고 표현했다. 열기 없는 곳에 불을 붙이는 건 불가능하다. 누군가 "하고 싶지만, 혼자만으로는 어렵다"라며 주저할 때 각자의 입장을 넘어 힘을 모으고 새로운 실험을 제안하는 것이 코디네이터다. 거꾸로 말하면 그러한 초월성을 허용하지 않으면 코디네이터를 두는 의의가 없기도 하다.

생각이 있는 사람이 용기를 내면 환경을 만들 수 있고, 뭔가 새롭게 시도할 수 있는 기반을 다질 수 있다. 이는 거창한 비전을 가지고 일을 시작하는 것과는 다른 방식이다.

내 경우에는 사전에 확인이 필요한 일들도 있었다. 농업고등학교에 관련된 일을 하는 것이 처음이었고, 재배 경험도 없었고, 식물도 낯설었다. 이주한 지 얼마 안 되었기 때문에 마을의 상황도 잘 몰랐다. 그래서 더더욱 학습회에 참가하여 조금씩 배우고 주위 사람들로부터 피드백을 받는 기회를 만들었다.

들은 내용과 배운 지식을 근거로 "조금 써봤습니다만", "외람된 말일지도 모르겠지만"이라고 하며 자료를 작성했고 발언하면서 솔선수범하여 활동했다.

코디네이터는 단순히 조정만 하는 역할이 아니다. 신념을 갖고 중간에 서서 단순한 덧셈이 아닌 곱셈을 만들어내는 존재다.

학교, 로컬을 만나다

제4장

입구와 출구를
바꾸다

1. 마을에서의 3년 경험이
어떻게 미래로 이어질까

우리는 매일 선택을 반복한다. '저녁에는 뭘 먹을까?', '가고 싶지 않은 초대를 받아들여? 말아?', '지금 하는 일을 계속할까?', '선거에서 누구를 뽑을까?', 아니 '투표를 할까? 말까?'라는 고민조차 선택이다.

선택지가 많을수록 결정하기 힘들고 선택지가 적으면 갑갑해진다. 아무튼 '내가 결정했다'고 느끼는 것과 '이 선택지밖에 없었다', '누군가에 의해 결정되었다'고 느끼는 것은 책임감이나 그 후의 노력도 다를 것이다.

중학생과 고등학생에 있어서 진로 선택은 이후의 인생을 좌우하는 가장 큰 선택이다. 결정에 이르기까지 보호자, 교사, 주변 어른들이 큰 영향을 미친다. 보다 좋은 선택을 원하는 학생이 있을 때 주위 사람들은 어떻게 도울 수 있을까.

1) 보장할 수 있는 것이 없었다

학과개편 회의에서는 고등학교 3년의 내용뿐만 아니라 입구와 출구에도 주목했다. 즉 현 외에서 입학할 수 있다는 선택지와 졸업 후에 '이 지역에서 살고 싶고 일하고 싶다'를 실현할 수 있는 선택지를 만들자고 결정했다.

학과개편과 동시에 전국 모집을 시작했지만, 사실은 교사나 코디네이터들도 반신반의했다. 우리는 가미야마교를 멋진 학교라고 생각하지만, 일반적인 중학생의 부모들은 '무얼 가르치고 있는 곳인가', '진로는 어떻게 되는가'가 주요 관심사다. 그렇다고 "여기는 이런 것을 할 수 있어요", "진로는 이러이러합니다"라는 말을 늘어놓는 것도 이상한 느낌이다. 애초에 처음 해보는 시도라서 실적이 없었고, 현 외에서 오는 15살 정도의 아이가 어떤 배움을 얻을 수 있을지에 대해 당시의 우리는 해줄 말이 없었다.

2) 생각의 단초를 전하고 싶다

그러나 알리지 않으면 사람에게 전해지지도 않는다. 그래서 제시한 것이 '지금 지방 고등학교에서 배운다는 것: 가미야마와 생각하는 앞으로의 지역유학'이다.

살고 있는 지역을 떠나 시골의 고등학교에서 3년을 지내면 학생은 어떻게 변하고 지역에는 어떤 가능성이 생길까에 대해 마을에 사는 보호자와 교사, 지역유학 경험자 등 여러 입장의 사람들이 이야기하는 이벤트다. 우리가 모르는 점을 탁 터놓고 게스트와 함께 생각해보기로 했다.

'지역유학의 가능성을 생각한다'는 말은 접어두고 '와주길 바란다'는 식의 요구를 하는 듯한 이벤트였지만, 아무튼 당시로서는 우리의 생각을 그대로 표현한 이벤트였다.

이벤트는 도쿄와 오사카에서 개최되었다. 열기로 가득한 시간이었다. 도쿄 이벤트에 참여한 3학년 여중생의 말이 잊히질 않는다.

꼭 와주기를 바랐던 중학생은 20여 명의 참가자 중에 1명뿐이었다. 너무도 소중했던 참가자라 꼭 안아주고 싶었지만, 마음을 꾹꾹 누르고 다가가서 "어땠니?" 하고 물어보았다.

"힘들었어요."

"그래, 2시간이나 들었으니 힘들겠지."

"아니요. 그게 아니라 평소 학교에서 들은 것과 오늘 들은 이야기가 너무 차이가 커서 힘들었어요."

학생은 눈물을 흘리면서 말했다.

"학교에서는 선생님이 성적을 기준으로 학교를 정해줘요. 왜 10 살 정도밖에 나이 차가 안 나는 사람이 모든 걸 알고 있는 것처럼 결정지어 말하는 걸까요? 그러나 나도 완벽하게 이의를 제기할 수 없는 상태라는 건 알고 있어요.

그런데 오늘 가미야마의 이야기는 정말로 매력적이었어요. 여기에 가면 얻을 수 있는 것이 많겠다는 생각이 들지만, 한편으로는 잃어버리는 것도 있을 것 같아요. 중3이어서 입학시험을 준비해야 하는데 갑자기 이런 이야기를 들으니 정말 혼란스러워요."

이런 식의 반응이었다.

비슷한 가치관을 가진 사람들의 커뮤니티에서 한 발 더 내디뎌 전혀 다른 세상을 접했을 때 혹은 자기 생각과 머릿속에 있는 기분을 제대로 말로 할 수 없을 때, 자신을 지탱해준 토대가 흔들려버리면 불안해서 달아나고 싶을 것이다.

이렇게 진지하게 스스로 고민하는 학생 앞에서 나는 도저히 자신 있게 "이렇게 하면 좋다"라고 권할 수 없었다. 학생을 일부러 혼란스럽게 할 의도가 있는 것은 아니었고, 다만 생각의 단초를 만들 수 있는 여러 가지 관점을 알려주고 싶었다.

제4장에서는 그렇게 여러 가지로 시도를 한 학교의 입구와 출구에 대해 좀 더 자세히 소개한다.

2. 삶을 만들자 '아유 하우스'

우선 '입구'에 대한 이야기다.

2017년 여름, 학과개편 검토 과정에서 가미야마교에 관한 교사들의 의견을 수렴하면서 '불본의(不本意) 입학(어쩔 수 없이, 의지 없이 입학)'이라는 말을 들었다.

> "중3의 1학기 진로희망조사에서 가미야마교 입학을 원하는 학생은 한 자릿수 정도입니다. 다른 고등학교에 가고 싶었는데 선생님이 무리하게 권유해서 어쩔 수 없이 선택했다고 말하는 아이가 많아요."

학력과 대인관계의 어려움을 이유로 가미야마교를 권하는 경우도 종종 있다고 한다. 2016년 입학생 중에 사전에 체험입학에 참가한 학생은 40% 미만에 불과했고, 나머지 절반 이상이 사전에 학교를 방문하지도 않고 시험을 보는 상황이었다.

책상에 앉아 공부하는 것을 좋아하지 않는 아이에게 몸을 움직이는 실습 중심의 농업고등학교는 매력적일 수 있고, 전교 90명 규모라면 학생 한 명 한 명에게 더 섬세한 배려를 할 수 있다. 실제로 교사들은 입학 후에 활기차게 변해가는 학생의 모습을 계속 보아왔다.

그러나 "학생이 조금 더 적극적인 마음을 가질 수 있도록 여러 가지 체험을 시키고 싶은데 거기까지는 할 수가 없었다"라는 본심도 들려왔다.

1) "여기밖에 갈 수 없다"에서 "여기에 가고 싶다"로

학과개편 목표 중 하나는 교육과정을 수정하고 학교의 특징과 학습 내용을 알기 쉽게 하여 중학생이 스스로 가고 싶어지도록 만드는 것이다. 음식이 좋아서, 자연이 좋아서 이 학교를 선택하는 등 이유는 여러 가지겠지만, 어쨌든 "여기가 좋아서 왔다"고 스스로 정하는 학생이 모이는 것을 목표로 했다. 학급에 의욕 있는 입학생이 30%라도 있으면 교실 분위기가 바뀐다.

그러나 현 내의 학교 순위와 평판은 꽤 뿌리 깊은 것이다. 단기간에 바꾸기 어렵다. 역으로 생각해보면 그런 상황에서 마을의 지역환경과 학교의 새로운 시도에 관심 있는 현 외의 학생이 있을 수 있고, 그렇게 외지인이 온다면 현 내에서도 주목받고 상황이 더 나아질 수도 있을 것 같다고 생각했다.

일반적으로 거리가 먼 현 외에서의 입학은 사립학교 입학이나 스포츠 종목에만 해당하는 것으로 생각할 것이다. 2010년 시마네 현립 오키도젠고교(隠岐島前高校)는 전국에서 학생을 모집하여 고교 매력화를 추진했다. 그것을 계기로 인구감소·저출생이 현저한 과소지역을 중심으로 전국에서 학생을 모집하는 공립고등학교가 늘었다.

지금은 시마네의 일반재단법인 지역·교육 매력화 플랫폼*을 통해 지역유학을 중학생의 일반적인 선택지로 제시하는 지원이 진행되고 있다.

이 단체가 내세우고 있는 '지역 미래 유학'은 내각부, 총무성, 문부과학성의 지원으로 2018년 처음으로 도쿄·오사카·나고야·후쿠오카 등 4대 도시에서 홍보 이벤트를 개최했다. 500쌍이 넘는 중학생·보호자가 방문했고 2년째에는 약 1,100쌍이 참여했으며 온라인으로 변경한 3년째 이후에도 참가가 늘고 있다. 지역유학에 대한 사회적 관심이 높아지고 있는 것이다.

2) 나와의 적합성을 확인하다

현 외에서 오는 입학생을 받으려면 주거 공간이 필요하다. 그러나 현에서는 새로운 기숙사 설치는 어렵다고 했다. 그래서 마을의 하숙과 빈집을 활용하는 방안을 검토했다.

최종적으로 고등학교에서 도보 3분 거리에 있는 면사무소 소유의 옛 교사 사택과 새롭게 정비 예정인 공유주택을 활용하기로 했고 연대공사가 위탁운영을 맡았다.

새로 만든 기숙사의 이름은 마을을 가로지르는 아쿠이강에서 착상한 '아유 하우스'다. 아유(은어)가 강에서 바다로 갔다가 돌아오는 것처럼 아이가 성장하여 다시 돌아오길 바란다는 마음이 들어 있다.

＊https://c-platform.or.jp (역주)

고등학교 시절의 귀중한 시간을 어디에서 어떻게 지낼까를 결정하는 것은 학생이나 가족에게 큰 문제다. 이 마을과 이 학교의 환경이 맞는 학생이 있고 그렇지 않은 사람도 있을 것이다.

그러므로 실제로 마을에 방문해서 사람들을 만나고, 학교와 지역이 자신과 잘 맞는다고 확신한 후에 결정하도록 하고 싶었다. 그래서 입학을 희망하는 학생에게 2일간 지역유학 체험을 하는 것을 필수 조건으로 제시했다.

지역유학 체험에서는 학교 모습을 보는 것뿐만 아니라 재학생이 기숙사 생활을 안내하고, 마을을 돌아보고, 지역에 사는 다양한 사람들과 만나는 시간을 보낸다. 여름에는 강에도 가는데 참가한 중학생도 긴장감이 풀려서 강에서 자유롭게 놀기도 한다.

잘 알지 못하는 상태에서 혹은 좋은 곳만 보고 입학한 후에 "기대한 것과 다르다"라는 말이 나오지 않도록 가능한 한 솔직히 전달한다.

3) 내가 만들다

2021년 기준으로 총 14명의 기숙사생이 있다. 현 외의 도쿄, 가나가와, 시즈오카, 아이치, 오사카, 효고, 오키나와에서 온 학생이 8명이고, 나루토시(鳴門市) 등 현 내 원거리 지역에서 온 학생이 6명이다. 그들이 가미야마교를 알게 된 계기는 가족의 권유나 지역 미래 유학 이벤트 등 다양하다.

아유 하우스의 큰 특징은 매일 식사를 스스로 준비하는 것이다.

매일 아침과 저녁 당번이 있고, 메뉴를 정해 필요한 것을 장 봐서 식사를 만든다. 기숙사 밭에서는 계절 채소를 기른다.

1기생이 기숙사에 온 첫날, 5인분의 볶음밥을 만드는 데 5시간이 걸렸다. 2년이 지나자 이제는 능숙하게 여러 명의 식사도 만들게 되었다. 이렇게 학생이 스스로 식사를 만드는 기숙사는 흔치 않거니와 이런 점을 매력으로 느껴 입학한 학생도 있다.

콩으로 된장을 만들고 스타치로 시럽을 만들고 멧돼지 해체도 한다. 다양한 경험을 거듭하고 있지만 요리만 하는 것은 아니다. 마을 도예가의 도움으로 머그잔도 만들고 학교 연습림에서 가져온 목재로 책상도 만든다. 그렇게 스스로 해본 경험이 있으면 상점에 진열된 컵과 책상을 보는 눈도 바뀔 것이다.

만드는 쪽과 열심히 만든 것을 사는 쪽 사이에는 일종의 관계가 형성된다는 것은 일리가 있는 말이다.

아베 미요(阿部三代) 교무주임 선생님은 현 내 중학교를 대상으로 하는 진학 설명회에서도 기숙사에 관한 질문을 많이 받는다.

4) 서로 관여하다

저녁을 먹고 나면 바로 회의를 한다. 식사와 청소 당번을 정하거나 행사 일정을 확인한다. 학생이 진행하는 회의다. 그 외에 학기에 한 번 하는 전체 회의에서는 기숙사생과 직원 전원이 모여 이야기를 나눈다. "냉장고에 남은 식자재를 계속 방치하는 것은 좋지 않다",

기숙사생이 진행하는 전체 회의

"이야기할 때 스마트폰을 보고만 있으면 신경 쓰인다" 등 별의별 의제가 오간다.

사람마다 생활 기준이 다르다. 회의를 통해 자신의 상식과 허용 범위가 다른 사람과 서로 다르다는 것을 인정하도록 직원들은 심판이 아니라 보조자로서 의견을 전한다. 기숙사에서 살기 좋은 생활을 만드는 방안에 대해 서로 의견을 나눈다.

식사 준비를 포함한 살림 전반을 매일 회의에서 협력하여 결정하기 때문에 신중하게 기숙사 입소를 결정한다. 아무나 받지 않고 사전 면담을 통해 중학생 시절의 활동 내용과 가정에서의 모습에 대해 듣고 선정한다. 그러나, 그런 과정을 거쳐도 예기치 못한 문제가 발생하기도 한다. 결국 본인의 강한 의지와 보호자의 협력, 그리고 수용하는 학교의 각오 등 삼박자가 맞아야 입소할 수 있다.

운영 직원은 상근 3명과 비상근 4명이다. 영상 관련 일을 하다가 전직한 사람, 지역부흥협력대 수료자, 정년퇴직한 보육사, 빵집을 겸업하며 일하는 사람, 요리사 등 경력이 다양하고 연령도 20대에서 60대까지 폭넓다.

직원은 기숙사생의 생활 전반 담당과 식자재 발주, 영양 조언, 조리 지원을 하는 음식 담당으로 나뉜다. 일의 내용과 근무 형태의 차이는 있지만 기숙사생과 접한다는 의미에서는 모두 평등한 관계다.

기숙사생의 언행이 걱정될 때 그 자리에서 주의를 줄지, 지켜볼지, 규칙과 벌칙을 만들지, 끈기 있게 말하면서 본인의 변화를 기다릴지 등은 직원 각자의 경험과 사고방식에 따라 차이가 있다. 의견 충돌이 발생할 때는 서로 이야기를 나누며 해결책을 모색한다.

저마다의 자세로 기숙사생을 대하길 바란다, 아키야마 지쿠사(秋山千草)

일부러 시간을 내서 학생에게 따로 이야기하지 않는 것도 책임자가 판단을 명확히 하여 사전에 대처 방침을 정한다면 괜찮을 수 있다. 직원 입장에서는 누가 확실하게 방침을 결정해주는 것이 훨씬 편하겠지만, 기숙사 기획부터 운영까지 담당한 아키야마 지쿠사는 단호하게 말한다.

"그런 방침은 어디서나 할 수 있는 방침입니다."

아키야마는 도쿄 출신으로 아프리카와 자전거를 각별히 사랑하는 행동파다. 방과후 아동 교육 관련 비영리기관에서 6년간 일했고 새로운 도전 기회를 찾던 중 인연이 있던 가미야마에 왔다. 항상 활력 넘치는 연대공사의 열정적인 직원이다.

아키야마: 규칙과 벌칙이 정해져 있어야 행동하기 쉽다고 생각할 수도 있지만, 이곳이니까 할 수 있는 관계방법을 만들고 싶습니다. 기본적인 룰과 약속 외에는 직원 나름의 방식대로 기숙사생을 대하라고 권합니다. 사람에 따라 다양한 관계방법이 좋다는 것은 기숙사를 시작하기 전에 견학한 다이다라봇치*에서 배웠습니다.

　　다만 나를 포함한 전 직원은 부모나 교사가 아니기에 사람을 키울 수 있는 환경 정비에만 주력하고, 지도하는 것은 다른 사람의 몫이라고 생각하며 운영합니다.

---

*다이다라봇치는 나가노현의 야스오카촌(泰阜村)에서 비영리기관 그린우드 자연체험 교육센터가 운영하는 삶의 학교다. 초등·중학생이 1년간 산촌유학을 하면서 삶 속에서 배움을 소중히 하고, 직원과 아이들의 의견을 1인 1표로 반영하는 방식으로 생활하는 것이 특징이다.

기숙사생의 생일을 축하하는 아키야마(우측)

질문 어떤 기준으로 직원을 뽑나요?

아키야마: 일에 대한 능력보다는 인성을 주로 봅니다. 성장기 아
이들에게는 어떤 사람이 가까이 있는가가 중요하기 때문입니
다. 일은 실제로 해봐야 할지 못 할지 알 수 있지만, 사람의
분위기나 성격은 사전에 어느 정도는 파악할 수 있죠. 무리
하지 않고 자신을 편하고 자유롭게 표현하는 사람을 선정하
는 편입니다.

질문 그런 사람이 가까이에 있다는 것은 학생에게 어떤 경험이 될
까요?

아키야마: 나를 한 사람의 인간으로 대해주는 사람이 가까이에

있고, 자신을 믿고 응원해주며 실패하더라도 옆에 있어 준다면 스스로 의욕적으로 살 수 있습니다. 그렇게 3년을 보냈으면 좋겠어요. 고등학생 시절에는 부모나 교사 외에는 그런 사람을 만들기 힘드니까요.

기숙사 직원뿐만 아니라 이 마을에는 여러 어른이 계시니까 그분들을 따라서 하고 싶은 것을 자유롭게 해봐도 좋겠지요.

질문 '여러 어른'이란 어떤 분들인가요?

아키야마: 나중에 사회에 나가면 여러 어른을 만날 텐데 이 마을에서 여러 타입의 어른을 만나는 일종의 예행연습을 할 수 있다는 의미입니다. 그런 경험이 축적되면 나중에 사람들과 잘 사귈 수 있게 되죠.

기숙사생의 자유를 보장하고 싶고 스스로 자기답게 살길 바란다, 아라키 미사코(荒木三紗子)

여러 타입의 사람과 만나 새로운 세계를 접하고 사람과 사귀는 법을 배우길 바란다. 이렇게 말하는 아키야마를 비롯하여 여러 어른의 염원이 반영된 아유 하우스에서는 적극적으로 지역주민과 교류하는 기회를 만든다. 한 번 관계가 맺어지면 그다음은 기숙사생 스스로 각각 관심이 있는 세계로 뛰어든다. 휴일에는 마을의 이곳저곳을 다니는 기숙사생을 보게 되었다.

그러나 민감한 시기의 고등학생의 일상은 늘 즐겁지만은 않다. 관계성을 고민하거나 우울해하면서 몸이 상하기도 한다. 매일 변화무쌍한 공동생활에 응대하는 것에 주력한 초대 하우스 마스터 아라키 미사코는 도시개발 일을 하다가 아유 하우스를 개설할 때 합류했다.

학창 시절에 캄보디아에서 교육 지원과 아타미(熱海)의 마을 만들기를 경험했기 때문에 누구보다 열정적으로 일한다.

기숙사생들은 아라키를 '산짱'이라고 부른다. 산짱은 아이들과 편하게 함께 놀기도 하고 엄하게 대하기도 한다. 아라키에게 아유 하우스의 학생들은 가족 같은 존재라고 한다. 어떤 생각을 하며 기숙사생의 생활을 지원하고 있을까.

아라키: 학생과 마을 사람들의 만남과 교류를 제일 소중하게 여깁니다. 기숙사생을 여러 곳에 데리고 가거나 지역 분들을 기숙사 식사회에 초대하기도 합니다. 지금은 코로나로 충분하게 하지 못하지만.

어떤 사람으로부터 "아이들의 자유는 직원의 자유 범위 안에만 있다"라는 말을 듣고 공감했습니다. 내 능력과 인간성을 시험하는 기분이랄까요.

될 수 있는 한 기숙사생의 자유를 보장하고 싶고 그들이 자기답게 살길 바라지만 아직 인생 경험이 짧으니 다른 직원과 지역 어른들의 도움으로 자유의 범위를 넓히면 좋겠습니다.

질문 가장 힘든 일은 무엇이었나요?

아라키: 나도 타인과 이렇게 깊게 사귄 적이 없었던 것 같아요. 공유주택이나 산악부에서 공동생활을 한 적이 있지만 이렇게 오랜 기간을 상대와 깊이 만난 적이 없습니다. 아유 하우스에서 일하면서 '나는 왜 그런 말을 했을까', '나는 잘하고 있나' 하면서 스스로 돌아보는 기회가 너무 많았습니다. 이 일을 시작하고 나의 자세를 성찰하게 되었어요. 힘들기도 하지만 보람도 있습니다.

질문 자기 이해가 깊어졌다는 의미인가요?

아라키: 네. 나의 일을 알게 되는 건 뭔가 체험하고 사람과 관계할 때 이루어질 텐데, 그런 일들이 이 아유 하우스에서는 아주 많이 일어나요.

내 인생을 돌아보면 그저 학교에 다니고 대학에 가고 취직하는 식으로 살면서 비슷한 가정환경과 가치관을 가진 사람들과 사귀었어요. 전에 다니던 회사도 회사 기준에 맞춰 들어온 사람들과 일하는 것이어서 별다를 게 없었죠.

그런데 여기에는 한 번도 본 적 없는 다양한 성격의 아이들이 많아요. 매일 저의 당연함과 상식이 흔들리는 일이 발생합니다. 아이들의 성장을 지켜보면서 나도 성장하는 기분이에

매년 벼베기에 참가하는 아라키
[사진 중앙. 우에다 아키히로(上田彰弘) 제공]

요. 한편으로는 다양한 아이들이 와준 덕분에 아유 하우스
가 보다 좋은 곳이 되고 있다고 생각합니다.

질문 어떤 때에 아이들의 성장을 느끼나요?

아라키: 집중하는 시간이 늘 때요. (웃음) 뭔가 진지한 표정으로
이야기하는 모습을 보면 정말 보람을 느껴요. 새로운 경험을
흡수하고 부쩍부쩍 성장해가는 모습은 정말 기쁩니다.
　물론 각자 극복해야 할 문제도 있으니 그런 문제를 함께
나누고 싶기도 합니다. 그러나 되도록 인위적으로 개입하기
보다는 그냥 계속 지켜보는 방식으로 대합니다.

질문 이곳에서 지낸 3년이 학생들의 미래에 어떤 영향을 미칠까요?

아라키: 정말 기대하는 부분입니다. 나도 지방 도시의 고등학교를 나왔지만, 내 스스로 선택한 것이었나 하는 생각을 하곤 해요.

도시는 눈에 보이는 사람은 확실히 많지만, 결국 부모와 교사의 일하는 법과 사고방식 정도만 접할 뿐이죠. 그런데 이곳에서는 다양한 일을 하기도 하고 이야기를 들어주는 어른과 지내니까 아무래도 시야가 좀 더 넓어질 것 같아요.

의욕을 가지고 입학생을 늘리기 위해 학과를 개편하고 기숙사도 설치했다. 또한 지역유학 체험과 오픈스쿨도 운영했다. 2020년 입학생 중에 사전에 학교와 마을을 방문한 학생은 70%였다. 2016년에 비하면 약 2배 늘었다.

2021년 기숙사를 증축하려고 할 때 정원 증가를 검토했지만, 18명을 유지하기로 했다. "기숙사생과 직원이 좋은 관계를 유지할 수 있는 적정 규모가 18명이다. 그 이상이면 아유 하우스는 없어진다"라는 것이 실제로 운영해본 책임자와 직원들의 단호한 의견이었다.

3. 이벤트 리포트 ①
생활인으로서 10대를 지낼 장소를 정하다

전국 단위로 학생 모집을 시작한 해의 여름에 지역유학의 가능성을 이야기하는 강연 이벤트를 개최했다. 첫 번째 강사는 어른과 아이를 위한 '놀이학교'를 연 쓰카코시 아키라(塚越暁) 하랏파대학 학장이다.

그는 1978년생으로 가나가와현 즈시시(逗子市)에서 나고 자랐다. 잡지 편집, 온라인 쇼핑 사이트 운영, 경영 기획과 11년간의 회사 생활을 거쳐 독립했다. 2012년 자연에서 지내는 하랏파(原っぱ)대학을 설립한 두 아이의 아버지다.

반바지와 슬리퍼를 신은 그의 모습은 마치 여름방학 때 곤충채집을 하는 어린이의 모습 같았다. 그는 가미야마에 몇 번이고 방문해 어린이들과 야영하는 등 놀이에 흠뻑 빠져있다.

중학생의 부모들은 지역유학을 깊게 고민합니다. 그런 부모님들께 고등학교 시절은 미래를 준비하는 시간이라기보다는 일정 기간 스스로 끌리는 환경에 몸담고 생활해보는 것을 경험하는 시기라고 말합니다.

하랏파대학에서는 산과 바다에서 시간을 보냅니다. 진흙과 페인트로 놀거나 비밀 기지를 만들기도 합니다. 명물은 진흙 미끄럼틀이죠.

우리가 하는 것은 어른도 아이들도 '그저 노는 것'입니다. 아이들과 뭔가를 한다고 하면 "목적은 무엇입니까"라는 질문을 가장 많이 받습니다.

아이들이 뭔가 얻을 수 있는 목적에 맞춰 지낸다고나 할까요? 최근에는 창조력을 키우기 위한 놀이가 중요하다는 식의 말도 있긴 합니다.

많은 부모와 아이들과 만나 보니 부모로서의 역할 의식을 강하게 가진 분이 많은 것 같아요. "잘 키워야 한다"거나 "부모는 이런 존재다"라는 의무감을 갑옷처럼 입고 있는 것 같습니다.

그래서 뭔가 잘 닦여진 길을 제공해주고 싶어 하는 것 같습니다. 이 정도로 돈을 내고 시간을 들이면 그에 상응하는 결과가 나와야 한다는 식이죠. 수영 교실을 다니면 무조건 수영을 잘해야 한다는 식입니다. 당연한 생각이고 저도 마찬가지입니다.

역할 의식, 돌봄, 인도, 가르침, 투자와 회수, 논리, 목적과 성과, 효율 등 육아 외에도 모든 좋은 것을 아이에게 투입하려고만 합니다.

그런 것도 살아갈 때 중요한 것들이지만, 때로는 좀 더 돌아가기도 하고 논리적이지 않아도 적당히 하는 것도 좋다고 생각합니다. "좀 더 놀아라", "지금을 소중하게 여기자", "실패를 즐겨보자"라고 이야기해보는 거죠.

지역유학을 선택하고 싶어도 아이의 미래가 그려지지 않으면 불안해서 아이를 보낼 수 없을 것입니다. 그러나 고등학교 유학이라는 의미만이 아니라 삶의 한복판에서 '가미야마에서 살아보기'라는 의미를 두고 선택하면 어떨까요? 많은 어른과 함께 지내는 기회를 선택하는 겁니다.

중학교·고등학교·대학교라는 일련의 흐름 속에서 하나의 선택으로 지역유학을 생각하면 '그다음의 진학은 어떻게 되지'라는 의문이 들 것입니다. 그러나 한 사람의 생활인으로서 일정 기간을 어디에서 살까 하고 생각할 수도 있습니다.

단지 시골 마을에서 사는 것에 그치는 것이 아니라 전국에서 각양각색의 사람이 와서 서로 얽혀있는 이 마을에서 시행착오를 경험하고 어른들과 익숙하게 만나는 삶을 선택하는 것도 굉장히 설레는 일이 아닐까요. 저도 이 마을에 끌려서 몇 번이고 온 것처럼 아이들도 마찬가지로 좋아할 것 같습니다.

제가 지금 아이를 기르며 사는 마을에는 제가 어렸을 때와 별반 다르지 않은 학력 수준에 대한 인식이 있어요. '이 고등학교에 가면 저 대학에 갈 수 있다'는 식으로 학교 순위도 매겨져 있죠. 그런 흐름에서 뛰쳐나오고 싶었습니다.

10대의 귀중한 3년을 '미래를 위한 통과점이나 준비 기간'으로만 생각할 것이 아니라 자기 감각을 믿고 길을 개척하는 방식으로 살면 좋을 것 같아요. 그리고 그런 아이의 선택을 인정하는 부모가 되면 좋겠습니다.

학교, 로컬을 만나다

4. 이벤트 리포트 ②
시골에서 보낸 3년이 진짜 경험이 되었다

두 번째 강사는 이시카와 하지메(石川初) 게이오기주쿠대학 환경정보학부 교수다. 1964년생으로 도쿄농업대학 농학부 조원학과를 졸업하고 환경디자인과 지도 표현, 지역경관 등을 연구한다. 3년간 가미야마를 연구한 성과도 발표했다.

2016년부터 가미야마에서 연구를 시작하여 매년 많은 학생과 마을의 구석구석을 다녔다. 연구성과의 대표작인『가미야마 살기의 풍경도감』*은 평소 아무 생각 없이 지나치던 풍경을 새롭게 보는 법을 알려주는 책으로 마을의 여러 상점에 놓여있다.

이시카와 교수는 자신이 지역유학을 경험했고, 지금은 지역유학 중인 아이를 기르는 학부모이기도 하다. 고등학교 졸업 후에 대학에서 조경을 배우고 대기업 건설회사에 취직했고, 지금은 대학에서 경관을 통한 사물 보기를 가르치고 있다.

그는 스스로 정체성을 형성하는 시기에 충분히 경험하는 것 자체가 수업이고 취미가 되어 나중의 인생에서 자산이 된다고 이야기했다.

제가 다닌 기독교 독립학원 고등학교는 야마가타현 니시오키타마군(西置賜郡) 오구니마치(小国町)라

*『神山暮らしの風景図鑑』. (역주)

는 시골에 있는 작은 사립고등학교였습니다. 1학년 26명의 작은 학교로 전원 기숙사 생활을 하는 남녀공학입니다. 가장 가까운 기차역이 7킬로미터 거리에 있고, 버스는 하루에 두 번만 다녔기 때문에 버스를 놓치면 냇가를 걸어갈 수밖에 없는 진짜 지역유학이었습니다.

저는 지역유학 경험을 통해 '제2의 고향'을 갖게 되었습니다. 일반 고등학교였지만 봄과 가을 농번기에는 휴가가 있어 몇 명씩 조를 짜서 지역 농가의 모내기와 벼베기를 도왔습니다.

일단 한 번 가면 나중에는 그 농가에서 와달라고 요청하는 식이 되어서 몇 번이나 가게 되었습니다. 할아버지, 할머니와 아이들까지 그 농가의 가족과 친해져 설날에 떡국을 먹으러 간 적도 있었지요. 그 농가와 마을이 고향처럼 느껴지게 된 좋은 경험이었습니다.

어떤 지역이라도 일정 기간 체류하여 관계를 맺으면 그곳이 고향처럼 되는 제2의 고향 만드는 법을 배운 것 같아요. 이런 경험은 이후의 제 인생에도 큰 영향을 미쳤습니다.

농가를 도와주고 농촌의 풍경을 본 것도 소중한 경험이었습니다. 모내기와 벼베기, 풀베기를 지칠 때까지 하고 나면 사람이 농촌의 풍경을 반듯하게 바꿀 수 있다는 것도 느꼈습니다. 시골 풍경이 단순히 목가적이고 낭만적인 아름다운 경관에 머무는 것이 아니라 사람의 노동으로 만들어진다는 것을 느낀 것이죠. 그래서 이후에 농촌 경관에 관심을 갖게 되었습니다.

또 하나의 소득은 우리 가족과의 관계입니다. 여동생과 저 그리고 부모님까지 4명인 핵가족이었는데 15살에 부모님과 떨어져 지역유학을 하면서 가족과의 관계가 새롭게 다져졌다고나 할까요. 세 살 밑인 여동생도 저랑 같은 고등학교에 다녔고 제 아들도 지역유학을 하고 있는데 서로 독립적이면서도 존중하는 바람직한 관계가 형성된 것 같아요.

'배울 것은 자연, 할 것은 노동, 읽을 것은 성서'라는 방침의 기독교계 고등학교에서 생활하면서 축사에서 젖소와 돼지를 기르고 밭과 논에서 우리가 먹을 것을 길렀습니다. 축산, 농사, 취사, 세탁, 학교 수리까지 모두 학생들이 했어요. 겨울에는 눈이 4미터나 오는 대설지역이어서 매일같이 눈도 치웠습니다.

아무나 경험하기 어려운 소중한 경험을 3년 동안 한 것입니다. 입시공부보다 밭일을 하고 빵을 구웠기 때문에 진학을 지향하는 학교는 아니었지만, 졸업한 다음의 진로는 다양했습니다.

동창생들은 호주에서 번역 일 하는 친구, 고등학교 교사, 농업을 하면서 학원도 경영하는 친구 등 다양합니다. 여동생은 간호전문대학을 가서 한동안 의료 일을 했고 지금은 홋카이도에서 목장을 경영합니다.

대학교수가 된 후에 더 깊이 생각하게 되었지만, 상황이 허락된다면 고등학교를 나와 바로 대학에 가지 않고 어딘가에서 홈스테이도 하고 여행도 하며 일하는 것도 좋다고 봅니다.

여러 가지 진로라고나 할까, 모든 '경로'를 그대로 허락할 수 있는 가치관을 가진 교육을 하면 좋을 것 같습니다. 지역유학은 자기가 자란 환경에서 일단 이탈할 수 있어서 새로운 가치관과 세계관을 가지는 기회가 됩니다.

5. 자신을 열고 상대를 받아들이는 신입생 합숙

의욕 있는 입학생을 받고 난 후의 과제는 그들의 에너지가 발휘되는 환경을 만드는 것이다. 학생들이 가장 오랜 시간을 보내는 장소는 학급이다. 학급 분위기가 자유롭지 않고 험하다면 그룹워크나 지역활동도 제대로 이루어지지 않을 것이다.

학생과 교사의 관계도 중요하다. "선생님에게 말해봐야 소용없다", "학생이 할 수 있는 것은 이 정도뿐이다"라고만 생각하면 좋은 관계가 형성될 수 없다. 그래서 신입생 합숙을 시작했다.

1) 시작을 갖추다

새로운 코스의 1기생이 입학한 2019년 입학식이 사흘 지난 때에 마을 캠프장에서 1박 2일의 신입생 합숙을 했다. 첫 만남으로 친구가 생겼으면 좋겠다는 기대감과 잘 안될지도 모른다는 불안감이 복잡하게 섞인 표정으로 학생들이 모였다.

합숙의 주제는 '협동'. 마루야마 선생님의 장기인 체험학습법을 활용한 여러 가지 활동으로 오후 프로그램이 진행되었다. 캠프장의 각 지점을 돌면서 과제를 해결하는 미션이었다.

팀으로 협력하여 미션을 해결한다

거미집처럼 설치된 줄에 몸이 닿지 않고 제한 시간 안에 전원 빠져 나와야 하는 미션이 제시되면 몇 번이고 실패하면서 서로 빠져나갈 순서와 어떻게 서로 도울 수 있는가를 의논하게 된다.

미션은 간단하지만 해결하기까지는 협동이 필요하다. 그렇다고 누가 가르쳐 주는 것이 아니라 직접 체험하면서 스스로 나름의 '협동'을 배우는 것이다.

저녁에는 반별로 카레를 만들어 먹고 메인이벤트로 모닥불 앞에 둘러앉아 중학교 시절의 이야기와 이 학교에 오게 된 이유 등 자기 이야기를 띄엄띄엄 한다. 말을 막지 않고 친구의 목소리에 귀를 기울인다. 나와 선생님도 학생과 함께 둥글게 앉는다.

다음 날은 게임 형식의 의논을 하고 어떤 학교생활을 하고 싶은지,

어떤 학급이 되어야 좋다고 생각하는지 대화한다. 교사는 끼어들지 않고 학생의 말에 귀 기울인다. 2일간 함께 지낸 친구에게 마지막 코멘트 카드를 전해줄 때는 학생들의 표정도 밝아져 있다.

이후로 학생들은 학교에서 질문이나 감상 시간이 되면 자연스럽게 손을 들고 발표한다. 또한 친구를 배제한다거나 친구에게 무리하게 강요하지 않고, 친구를 받아들인다.

학급 시작은 배우는 자세를 바꾸는 통과의례, 다카타 겐(高田研)

우리들에게 신입생 합숙의 가치를 알려주고 현장 지원까지 해준 인물은 야마시나현 쓰루문과대학의 다카타다. 다카타는 지금은 대학에 근무하지만 초등·중학교에서 교사를 했었고, 오사카부립 마쓰하라고교와 도쿠시마현립 아와니시고교의 학과개편에 참여한 경험도 있다.

가미야마의 학과개편 학습회에 초대된 것을 계기로 신입생 합숙 프로그램도 만들게 되었다. 다카타는 신입생 합숙 같은 관계 형성 시도를 '학급 시작'이라고 표현하며 규범을 만드는 의미가 있는 프로그램이라고 설명했다.

다카타: '학급 시작'은 입학생들의 배움의 자세를 바꾸는 통과의

례 같은 거예요. '지금까지 받은 교육과 다르다'는 것을 몸으로 익히는 것이죠.

처음에는 모르는 사람끼리 모이기 때문에 자기가 이 집단에서 잘 지낼 수 있을까를 걱정하겠지만, 1박 2일의 짧은 시간이라도 지내보면 "말하면 들어준다. 긍정해준다. 소중히 여겨준다"라고 느끼고 달라집니다.

자기가 마음을 열면 다른 사람이 받아주는 과정을 통해 걱정이 사라지고 앞으로 잘해 나갈 것 같은 기분을 느끼는 소중한 시간입니다.

학생뿐만 아니라 학생과 교사의 관계 형성의 의미도 있어요. '선생님이 내가 생각하는 것을 들어준다'는 느낌을 갖고 3년을 지내게 되는 것이죠.

질문 마음을 연다는 게 무슨 의미일까요?

다카타: 자기를 표현하는 거예요. 보통은 학교에서 잘 하지 않잖아요.

질문 해보지 않은 일을 어떻게 할 수 있게 될까요?

다카타: 공간이 다르니까요. 학교가 아닌 장소, 즉 자연 속에서 한다는 의미는 큽니다. 말하기 편하게 일부러 사람의 얼굴이 보이지 않는 어두운 곳에서 캠프파이어를 하기도 하지요. 작은 불빛을 보면서 말하면 말하기도 편하니까요. 그런 디자인

이 정말 중요해요. 어디에서 하든 그런 연출이 있는 것과 없는 것은 효과가 전혀 달라요. 가볍게 게임 등을 하다가 그룹 대화 등으로 밀도 있게 연결되는 겁니다.

질문 '학급 시작'에서 자기 마음을 여는 게 제일 중요하다는 의미인가요?

다카타: 네. 자신의 마음을 연다는 것과 학습을 시작한다는 것은 같은 의미입니다.

질문 규범을 만든다는 건 어떤 건가요?

다카타: 규칙이 아니라 규범이라는 점이 중요합니다. 동료들도 이 정도는 인정해준다는 암묵적인 약속 같은 거죠. 예전의 '학급 시작'에서 합숙은 대체로 별개의 규범을 만드는 기회였습니다. 아와지시마의 청년의 집에서 일할 때, 봄 내내 고등학생들이 방문했습니다. 합숙할 때 아침부터 군대 훈련처럼 운동장을 걷더라고요. 그렇게 하면서 '학교에서는 교사가 말하는 것을 들어야 한다'는 메시지를 일방적으로 주입한다는 느낌을 받았습니다.

훈련이라고는 하지만 일단 모두를 조종하는 것이 목적이고, 모두 함께하게끔 훈련합니다. 누군가 한 사람이라도 다른 일을 할 수 없는 분위기를 만드는 거죠.

합숙 2일 차 프로그램을 진행하는 다카타

질문 메시지 전달성이 강하군요.

다카타: 게다가 진행 방향은 교사밖에 몰라요. 그렇게 규율 엄수
　　　를 강조하면 얼마나 효과가 있냐고 물어보면 "그냥 봄부터
　　　여름까지 계속한다"고만 답해요.

　　　이런 분위기는 아니라고 생각합니다. 우리가 하려는 것은
　　　정반대의 의미예요. 오사카부 마쓰하라고등학교에서 처음
　　　시작한 방법인데 그때에는 학교에서도 저항이 심했어요. "정
　　　신 차려! 똑바로 줄 서!"라는 분위기를 없애는 것에 불안감을
　　　느꼈던가 봐요.

　　　마쓰하라고등학교에서는 인권 교육을 중심으로 자기 의견
　　　을 말할 수 있어야 한다는 것에 중점을 둡니다. 수업에도 워
　　　크숍을 넣어서 학생이 운영하는 방식으로 바꾸었지요. 교사
　　　와 학생의 상하관계를 바꾸자는 인식이 형성되었습니다.

가미야마교에서도 입학하자마자 3일 만에 합숙하는 것에 대한 우려가 있었다. 그러나 실제로 해보고 난 후에는 학급에서 그룹이 형성되기 전에 규범을 만드는 것의 중요성에 모두 공감하게 되어 2년 차에도 실시하기로 했다. 그러나 다음 해에는 코로나 영향으로 휴교가 되어서 합숙이 유보되었다.

2015년에 부임하여 신입생과 함께 가미야마 창조학의 변화 과정을 지켜본 스기야마 유코(杉山優子) 선생님은 합숙으로 인해 학생도 교사도 바뀌게 되었다고 평가했다.

"현 내외 학생이 섞여 있어서 신입생 합숙을 하는 것과 하지 않는 것은 (효과가) 전혀 달라요. 학생들이 스스로 표현하게 된 것은 틀림없이 가미야마 창조학 덕분입니다. 전에는 앞에서 발표하라고 하면 '에? 싫어요!'라고 끝냈을 텐데 지금은 스스럼없이 이야기하고 다른 학생 평가나 자기 평가도 할 수 있게 되었어요.

교사들도 성장하는 것 같아요. 무조건 지도만 해야 한다는 강박관념이 있었는데 이제는 '우선 지켜볼까'라는 자세를 갖게 되었죠. 물론 참지 못하고 바로 말해버리는 교사도 있긴 해요."

질문: 학생의 에너지가 아낌없이 발휘되는 상황이 만들어졌나요?

"학교 행사를 할 때 학생 의견과 제안이 적극적으로 제시되는 편이에요. 너무 열성적이에요. 보안 관계로 학생의 노트북에서 액

세스할 수 없는 페이지를 발견하면 '왜 자유롭게 접속할 수 없나
요?'라는 의견을 제시할 정도예요."

이벤트와 연수 프로그램을 운영할 때 의자를 모두 같은 방향으로
배치하면 일방적으로 '강사의 이야기를 듣는 것'이라고만 생각하기
쉽다. 그래서 의자를 원형으로 배치해서 '모두 함께 이야기하는 곳'
이라는 생각이 들게끔 한다.

참여자들은 '이곳에서는 어떤 의견을 말해도 좋을 것 같다'고 적극
적으로 생각하거나 아니면 '오늘은 잘 넘어갔다' 하고 그저 묵묵히
지켜보기도 한다. 따라서 공간 배치를 달리하고 참여자들의 행동과
반응을 보면서 민감하게 조절한다. 즉, '입구'를 바꾼다는 것은 단
순히 자세를 만든다는 의미가 아니라 수용하는 쪽의 자세를 정비한
다는 의미다.

6. 판단력을 키우는 인턴십

1) '이 마을에서 살고 싶고, 일하고 싶다'를 실현할 수 있도록 지원

다음은 '출구' 이야기다. 제2장에서 한 고등학생이 "나는 가미야
마가 좋아서 졸업 후 이 마을에서 일하고 싶습니다"라고 발언하여
그 자리에 있던 어른들이 놀랐다고 소개했다. 평소에는 얌전하지만,
배짱 두둑하고 잘 웃는 그녀는 학교에서 버스로 40분 정도 가야 하

는 다른 마을에 살고 있다. 그 아이의 후일담이다.

당시 마을의 업체에서 가미야마교로 구인 요청은 없었다. 마을에서 고등학교 졸업생을 적극적으로 채용하는 분위기 자체가 없었다는 의미다. 그러나 "마을에서 일하고 싶다"고 하는 그녀의 마음을 교사와 주위 어른들이 받아들여 마을에 있는 식당에서 인턴을 하게 되었다.

그녀는 실제로 일하면서 식당 일의 고충을 피부로 느낀 것 같다. 회사도 개업한 지 얼마 되지 않아 여력이 없었기에 아쉽지만 그녀를 정사원으로 고용하지는 못했다. 그녀는 그 후에 마을에서 일할 곳을 찾지 못하고 마을 외부의 식당 체인점에 채용되었다.

오해 없길 바라지만 학생에게 졸업 후 마을에 반드시 남아야 한다고 강조한 적도 없고 그런 일을 목표로 하지도 않았다. 다만 이 학교에서 보낸 3년의 경험으로 '이 마을에서 살고 싶다, 일하고 싶다'는 아이가 나타나면 희망을 이룰 수 있도록 주거 환경이나 일자리 환경을 정비하는 것이 어른의 일이라고 생각한다.

2) 작은 직장일수록 이직률이 높은 현상

그렇게 말한다 해도 고졸 인재를 채용하는 것은 쉬운 일이 아니다. 이른바 '7·5·3 현상'이라는 말이 있다. 취직해서 3년 이내에 중졸 70%, 고졸 50%, 대졸 30%가 이직하는 현상이다.

2000년대 전반부터 이 용어가 등장했는데 이제는 취직률 자체가

학교, 로컬을 만나다

더욱 낮아져서 직원 5명 미만 사업장의 60% 이상, 직원 5-29명 규모 사업장의 50%에서 고졸자가 3년 이내에 이직한다.[*]

3년 이내에 이직하는 것이 반드시 부정적인 이유 때문만은 아니라고 생각하지만, 고졸 취업자 8명 중에서 1명이 6개월 미만이라는 대단히 짧은 기간에 이직한다는 점은 눈여겨볼 필요가 있다.

리크루트 워크 연구소는 그 원인을 '고용의 미스매칭'이라고 분석하는데, '상상하던 일과 다르다', '직장에 상담할 수 있는 사람이 없어 고립되었다'는 등의 상황이 벌어지기 때문이라는 것이다.

가미야마교처럼 작은 경제권의 마을에는 대부분 개인사업체나 가족경영사업체가 많다. 여기에서도 인력은 부족하고 계업[**]도 큰 문제다. 새로운 사람을 받고 싶지만, 실제의 채용과 인력 육성에는 큰 비용이 든다. 경력자가 아닌 사회 초년생이라면 더 큰 비용이 든다.

3) 두 가지 측면에서 시작한 인턴십

이런 배경 속에 2018년부터 인턴십 프로그램을 시작했다. 본격적으로 진로를 선택하기 전, 2학년 여름방학에 약 1주 동안 희망자에게만 실시했다. 사업을 확대하고 싶은 경영자는 인턴을 고용하여 새로운 채용의 모의 체험을 할 수 있어서 이득이고, 교육활동에 협력 그

---

[*] 후생노동성. 「신규 채용자의 이직 상황(2017년 3월 졸업자 기준)」.
[**] 계업(継業)은 지역에 이주한 제3자에게 사업을 계승하는 것을 말한다. (역주)

이상의 기여를 한다는 장점도 있다.

4) 한 사람의 농가와의 만남이 고교 생활을 바꾸다

조경토목과의 다나카 유토(田中優斗) 군은 1학년 때 일 체험 프로그램을 통해 유기농업을 하는 조치 고이치(上地公一)의 집에 머물렀다. 특별히 농업에 관심이 있었던 것은 아니지만 유토는 조치 할아버지를 재미있는 분이라고 느꼈다.

"돈을 기준으로 일을 정해요. 보람을 못 느껴도 수익이 있으면
생활은 되니까요. 좋아하는 것을 살 수 있다면 그걸로 만족해요.
한편으로는 일은 힘든 것이라고만 생각했었어요."

그런데 2일간 조치 할아버지의 인생철학을 접하면서 생각이 변해서 농업이 하고 싶어졌다. 할아버지도 성실하게 노력하는 다나카 군을 손자처럼 예뻐했다.

"밭일 좀 하려고 하면 여기저기서 몰려와서 떠드시더라고요. '쟤
가 손자야?', '내 제자야.' 이런 식의 대화를 하시더군요. 그런 모
습을 보면서 농사일이 재미있다고 느끼게 되었어요.
누구든 만나면 인사를 해라. 인사가 모든 일의 시작이라고 배
우기도 했어요. 조치 할아버지는 주변을 잘 살피고 사람과의 관

계를 대단히 중요하게 여겼어요. 사람들이 좋아하고 자기도 하고 싶은 일을 하는 그런 삶이 멋지다는 생각이 들더라고요. 그래서 이런 느낌의 일을 해볼까 하는 생각이 들었어요."

농업을 하고 싶다고 생각하게 된 다나카였지만 주위 어른들은 전업농가의 길은 험하다고 말했다. 진로를 본격적으로 정하는 2학년 때에 진학할까 취직할까를 고민하다가 자신에게 농업을 알려준 조치 할아버지에게 가서 인턴을 해보기로 했다. 일을 경험해보고 대화도 한 후에 진로를 결정하기로 한 것이다.

배추씨를 포트에 심고 길렀다. 1주일 지나면 싹이 나왔는데 그때 너무나 벅찬 감동을 느꼈다. 하나하나 일한 것이 차곡차곡 쌓여 평소에 접하는 음식이 된다는 데 감동했다.

나중에 배추가 축제의 경품이 되는 것을 보고 "내가 기른 채소가 손님을 웃음 짓게 한다"라고 했던 조치 할아버지의 말을 이해할 수 있었다.

일 체험과 인턴십을 통해 하나부터 만들어내는 재미와 보람을 알게 되어 학교생활에서도 스스로 행동하여 무엇인가를 바꾸고 싶다고 생각하게 되었다.

인턴을 하면서 다나카 군이 조치 할아버지로부터 배운 것은 일의 내용 자체보다는 좀 더 근본적인 일의 기쁨과 사람과 사귀는 법이었다. 인턴을 끝낸 뒤 학생회에 들어가서 학교 행사를 기획하는 일을 적극적으로 하게 되었다. 직업관을 양성한다는 인턴십의 기획 목적

사제 관계인 조치와 다나카

을 크게 넘어서는 효과가 나타난 것이다.

그 후에 다나카 군은 농업 경영 회사들을 방문하여 상담을 받았다. 그리고 2년제 농업대학에 진학하기로 했다. 대학을 졸업하면 농업경영을 하고 자기보다 젊은 사람들에게 농업의 가능성과 매력을 전하고 싶다고 한다.

"농업고등학교에서는 대학 진학이 어렵나요?"라는 질문을 종종 받는다. 농업고등학교뿐만 아니라 전문 과목이 많은 전문고등학교에서는 대학 입학 공통 테스트 시험에 필요한 과목을 가르치지 않기 때문에 4년제 국공립대학에 진학하기는 힘든 것이 현실이다. 대학 진학을 하고 싶은 사람은 시험 과목이 적은 사립대학이나 농학부와 농업계 학부가 있는 곳에 진학한다. 최근에는 종합·학교 추천형 선

학교, 로컬을 만나다

발을 하는 대학도 늘어 문호는 넓어지는 추세다.

느꼈던 일을 말로 하는 작업을 반복하여 선택 능력을 갖춘다, 우메다 마나부(梅田學)

경력 교육 사업은 연대공사의 우메다 마나부가 담당한다. 학생들은 그를 '우메짱'이라고 친근하게 부른다. 웨딩 플래너, 기획, 경영, 전문학교 강사 등 다양한 경력을 살려 연대공사에서도 가미야마 창조학, 손자 손 프로젝트, 인턴십 사업을 했고, 마을기업의 구인 사이트 일까지 폭넓게 한다. 가미야마에 와서 경력 컨설턴트 자격증도 땄다.

공립학교 교사 중에 교직 이외의 경험을 가진 사람은 전체의 10%도 안 된다(문부과학성. 「2020년 공립학교 교원 채용시험 실시 현황」).

경력 교육 분야는 학교와 지역에 도움될 가능성이 큰 분야다. 그러나 학생의 관심 영역은 매우 다양해서 한 명의 사회인 강사가 할 수 있는 것은 제한적이다.

우메다: 고등학생의 경력을 다루는 것은 나 스스로 그들에게 손을 내미는 듯한 느낌입니다. 내가 어떤 것을 전해주어야 좋을지를 생각하면서 수업을 만들어요.

20대 때는 너무 고민이 많았습니다. 내가 뭘 하면 좋을지 주변에 물어봐도 제대로 답해주는 사람이 없어서 답답하기만 했어요. 제일 처음에 한 일이 웨딩 플래너였지만 그걸 계속해야 하는지 확신도 없었어요.

27살인가 28살 때 다니던 회사에서 팀원들과 안 맞아서 결국 1년 만에 그만두었지요. 나름대로 보람이 있어서 성과를 내고 싶은 생각도 있었지만, 마음의 상처를 받아서 풀이 죽어버렸어요. 그러고는 반년간 일할 수 없는 상태로 보냈습니다.

그때, 일하면서 여러 사람을 만나고 나의 기술과 사고방식도 풍부해질 수 있다고 생각하게 되었습니다. 일이 전부가 될 수는 없지만 일을 통해 내 인생을 풍요롭게 할 수 있다는 생각도 했습니다.

질문 사회 경력이 없는 고등학생에게 일은 어떤 의미일까요?

우메다: 실패와 이직을 반복해도 언젠가는 자신에게 딱 맞는 일을 발견해서 계속하고 싶다고 생각할 수 있는 일을 찾으면 좋겠어요. 우선 한번 열심히 해보는 게 중요하지요.

일 체험이나 지역의 현장 작업 등을 하면서 자기 몸과 마음의 변화를 느끼고, 그런 경험의 축적을 통해 일에 대한 '선호'를 축적하면 좋겠어요. 무엇을 하든 '좀 더 하고 싶다' 혹은 '하고 싶지 않다'는 것을 생생하게 느끼길 바랍니다.

경험한 일을 그저 흘려보내지 않고 자신의 가치기준으로 만들어가는 노력을 했으면 좋겠어요. 물론 이건 일에만 해당

학교, 로컬을 만나다

인턴십을 반복하는 학생과 우메다

되는 이야기가 아니라 모든 일이 다 그러하지요.

질문 경험을 통해 가치기준을 만든다는 의미는 무엇인가요?

우메다: 우선 경험을 반복하는 게 중요해요. 나는 학생들을 지원
하는 역할을 하지만 궁극적으로는 학생들 스스로 주도적으
로 하길 바랍니다. 느낀 것을 말로 하는 작업을 반복하면 선
택 능력도 생기니까요.

도시에서는 자기가 고르는 것처럼 보이지만 사실은 그렇지
않죠. 부모나 친구, 좋아 보이는 것, 사회에서 눈에 띄는 것
중에서 고르는 정도입니다. 물론 도시냐 시골이냐에 관계없
이 스스로 선택하고자 하면 좀 더 많은 선택지를 발견할 수
있다고 봅니다.

경력 교육은 미래의 직장과 일 찾기라는 두 개의 내용을 동시에 포함하고 있다. 이것을 스스로 선택하는 것은 쉬운 일이 아니다. 그래서 옆에서 도와주는 어른이 필요하다.

5) 취직할 곳이 없다. 그로부터 2년, 마을에서도 일할 수 있게

마을에 일할 곳이 없다는 문제는 의외의 곳에서 해결되었다.

어느 날 마을에서 제조업을 하는 야마토합금이라는 회사가 연대공사로 연락했다. 이 회사는 간사이권에도 유명하고 기차의 엠블럼 제작도 하는 곳이었다.

당시에 연대공사는 공사 웹페이지에 마을의 구인 구직을 게시하는 작업을 시작하고 있었다. 야마토합금은 그 상담을 하고 싶다고 했다. 자세한 이야기를 듣기 위해 구인란 담당자와 우메다가 회사를 방문했다.

회사 전무의 아들이 가미야마교 출신이라고 했다. 이전에는 가미야마분교 졸업생이 많이 취직했었지만, 한동안 흐름이 끊겼다며 지금은 세대교체 시기여서 적극적으로 신규 채용을 하고 싶다고 말했다.

그 후에 우메다는 진로 담당 교사와 학생과 함께 회사를 방문했고, 그 학생은 입사하게 되었다. 다음 해에는 인턴십도 받아들여 인턴을 마친 학생도 취직했다.

일하고 싶어도 일자리가 없는 막막한 상황이 여러 시도의 축적과 학생, 코디네이터, 기업의 협력으로 변한 것이다.

학교, 로컬을 만나다

'시골에는 일자리가 없다'는 이 단순한 표현 안에는 구직자로서 '구인하는 회사가 어디 있는지 모른다', '일하고 싶은 회사를 볼 수 없다'는 입장과 고용주로서 '가족 외의 타인을 채용한 적이 없다', '어디에 모집 공고를 내야 할지 모르겠다'는 입장이 복잡하게 얽혀있다. 그런 복잡한 실타래를 하나씩 풀지 못하면 '공장을 유치하여 고용을 늘리면 그만이다'라는 식의 잘못된 해결책으로 귀결될 수 있다.

즉, 지역 문제를 다룰 때는 단번에 해결하려고 하지 말고 좋은 사례를 축적하는 것이 중요하다.

7. 질문을 바꾸자

이 마을에서 보낸 3년이라는 시간이 미래로 어떻게 연결될지는 잘 모르겠다. 그러나 '앞으로 무엇을 얻을 수 있을까'라고 다르게 물어본다면 나름대로 답할 수 있을 것 같다.

1) 만날 일이 없던 세계와의 만남

도시의 어떤 대학에서 강의를 들었다. 어린 자식이 있는 사회인 학생이 "시골은 도시에 비해 선택지가 적고, 아이의 가능성이 좁아지는 것 같아서 불안합니다"라고 말했다.

한편 도쿄에서 자란 아키야마와 도시에서 학창 시절을 보낸 아라키는 "이 마을에는 여러 어른이 있다", "다양한 일을 하고 이야기를 들어주는 어른이 있다"라는 말을 하곤 했다.

서로 다른 의미의 이런 의견을 어떻게 받아들여야 할까.

'시골'과 '도시'의 비교가 아니라 '알고 있다'는 선택지의 수와 '직접 관여할 수 있다'는 선택지의 수에 주목하고 싶다. 이 두 가지는 전혀 다른 의미다.

대부분의 고등학생은 예술가, 요리사, 사진가, 구두 장인, 제빵사, 농부, 프로그래머, 도예가라는 직업 자체는 잘 안다. 나도 역시 잘 알고 있다. 그러나 (특히 도시) 일상에서 그런 직업을 가진 사람을 깊게 알 기회는 별로 없었다. 같은 장소에 살고 있을 수는 있지만, 특별히 원하지 않는다면 좀처럼 만나기 힘든 직종의 사람들이다.

그러나 가미야마에서는 다양한 직종의 사람들과 바로 만나는 것이 일상이다. 지역유학 이벤트에서 쓰카코시는 아버지 관점에서 10대라는 시기를 '미래의 준비 기간'이 아니라 시행착오를 거듭하며 어른들과 접점을 많이 가지는 것이 좋은 때라고 말했다.

고등학생은 수업이나 기숙사 생활 등에서 여럿이 함께 움직이는 기회가 많아서 처음에는 마을에 흥미가 없어도 다양한 어른과 만난다. 그 과정에서 재미를 느끼고 좀 더 친분을 쌓을 수도 있다.

지금은 지나치게 효율화된 알고리즘으로 꽉 찬 시대다. 스마트폰을 보면 SNS와 웹 광고, 자기 행동과 취미 기호에 최적화된 것이 가득 표시되어 있다. 관심이 없는 것은 그 존재조차 인식하기 어렵다.

그런데 이 마을에서는 관심 밖에 있던 일체의 사물이나 사람과 만날 수 있다.

2) 몸으로 실감하는 체험

지역유학을 경험한 이시카와는 자신의 체험을 돌아보며 "모내기와 벼베기를 지칠 때까지 돕고 나면 농촌의 풍경은 결국 사람의 힘과 노력으로 만드는 것임을 몸으로 알 수 있다"라고 말한다.

이시카와는 이런 자기의 경험을 캠프파이어를 하면서 친구들에게 슬쩍 이야기했다. 다카타가 말한 '자신을 열면 다른 사람이 받아들인다'는 체험 속에서 학생의 마음과 몸은 평소와 다른 변화를 겪게 되는 것이다.

기술 발전 그리고 코로나의 영향으로 디지털을 활용한 교재와 교육 프로그램은 앞으로 더욱 확산될 것이다. 온라인 수업이나 영상 교육이 일상이 되면 몸으로 실감하는 체험은 비일상이 될지도 모른다.

디지털 교재는 아무래도 시각과 청각에 의존할 수밖에 없다. 그렇지만 원래 우리는 손과 발, 코와 혀 등 몸 전체를 통해 많은 정보를 얻는다. 예를 들어 이끼가 낀 돌을 맨발로 밟았을 때의 간지러움, 밭에서 뽑은 무를 깨물면 입에 퍼지는 단맛과 싱싱함, 사슴 고기에서 조금 나는 누린내 등.

생명을 나누어 받는 존귀함과 자연과 공생하는 실감 등 영상과 말만으로 알게 되는 것을 시골에서는 각각의 감각기관과 감성에 의지하여 알아간다. 이는 세상을 보는 법과 파악하는 법을 보다 풍부하게 해줄 것이다.

3) 사회를 스스로 만든다는 실감

"주체적으로 생각합시다"라고 말하기는 쉽지만, '주체적'으로 일체의 사물과 마주하기 위해서는 지금 있는 환경 속에 내가 확실히 존재하고 주위에 영향을 끼치고 있으며 영향을 줄 수 있다는 실감이 전제되어야 한다.

내가 기른 모종으로 집 마당이 만들어지고, 힘들게 만든 도시락을 판매하고, 그 모든 노력에 "고맙다"라는 말을 듣는다. 이런 체험은 사회를 스스로 만든다는 의미로서 자신의 존재와 행동으로 사물이 변한다는 것이다.

본인이 원해서 시작하는 인턴십 프로그램도 마찬가지다. 스스로 용기 내서 "해보고 싶다"라고 표현하면 그때부터 모든 것이 변한다.

일본재단이 2019년 실시한 18세 의식조사에 의하면 일본 청년 5명 중 4명은 '자신은 사회를 바꿀 수 없다'고 느낀다. 이는 조사 대상 9개국 중 최하위로 2번째로 낮은 한국과도 2배 차이가 난다.

일본 사회가 청년으로부터 얼마나 많은 것을 빼앗고 있는가 생각하면 슬프다. 이는 청년 의식조사 결과인 동시에 청년을 대하는 어른의 태도의 결과이다.

누군가 "이 마을에서 지낸 2년간의 경험으로 무엇을 얻을 수 있나요?"라고 다시 한번 묻는다면 첫째, 만날 일이 없던 세계와의 만남, 둘째, 몸으로 실감하는 체험, 셋째, 사회를 스스로 만든다는 실감이라고 답하고 싶다.

학교, 로컬을 만나다

제5장

성과

1. '마을 만들기'가 아니라 '마을이 자라난다'

제2장에서 4장까지 6년간 진행한 우리의 시도를 소개했다. 제5장에서는 시도의 연장선에서 생긴 일들을 소개한다. 대부분 내용은 예기치 못했던 것들이다.

그 전에 한 가지 소개하고 싶은 것이 있다. 오랫동안 가미야마의 변화에 참여한 중심인물의 한 사람으로 오오미나미 신야가 있다. 마을 출신으로 이 책에도 몇 번이나 등장한 비영리법인 그린밸리의 초대 이사장이다.

오오미나미는 스탠포드대 유학 중에 본 실리콘밸리라는 이름에 착안하여 그린밸리라는 조직을 만들었다. '창조적 과소'를 표방하며 전국적으로 가미야마가 유명해지는 계기를 마련했다.

오오미나미는 '마을 만들기'라는 표현보다 '마을이 자라난다'라든

그린밸리의 창립 멤버. 왼쪽에서 첫 번째 모리, 세 번째 오오미나미
[나마즈 가쓰타카(生津勝隆) 제공]

가 '자생한다'고 표현한다. 뿌린 씨앗 혹은 어디선가 날아온 씨앗이
그곳의 토양에 맞는다면 알맞은 시기에 열매를 맺는다는 의미다.

오랫동안 씨앗을 뿌려온 오오미나미는 "눈에 보이는 변화에 조급
해하면 안 돼요"라며 지역활동을 하는 사람들을 따뜻하게 응원한다.

그린밸리는 본업이 있는 지역 청년들이 모여 1992년에 설립한 가
미야마정 국제교류협회에서 시작하여 30년간 활동을 계속해 왔다.
마을을 위한다는 마음도 물론 있었지만, 그 전제에는 '내가 재미있
다고 생각하는 일만 한다'는 명확한 원칙이 있었다.

초기 멤버들은 "약속 시간에 제때 모이지 않고 20-30분 늦게 회의

가 시작되지만, 누구도 불평하지 않아요. 별다른 목표 없이 자기 방식대로 자유롭게 해왔어요"라고 입을 모아 말한다.

목표를 세우지 않았다는 건 우선 현실에서 논의를 시작했다는 의미일 것이다. 자신의 흥미와 관심, 혹은 문제의식을 근거로, 하고 싶은 일과 할 수 있는 일을 곱하여 일을 진전시킨 것이다. 이식이 아닌 자생 방식으로 활동한 것이다.

그린밸리 초기 멤버이며 가미야마 아티스트 인 레지던스 초대 회장을 역임한 모리 마사키(森昌槻)는 "당시 가미야마는 지금처럼 도로나 터널이 없는 정말 깊은 산골이었어요. 그런 시골에서 어린이들에게는 국제적인 경험을 하게 해주고 싶다는 바람으로 세계의 예술가를 불러들였어요"라고 얘기를 들려주었다.

설계부터 시공까지 스스로 하면서 캠프장을 운영하는 모리는 70살이 넘었는데도 가볍게 중장비를 운전하고 아이들이 놀 공간을 설계한다. 정말 즐겁게.

서로 각자의 입장에서 재미있어하며 새로운 일들을 만들었다. 그렇게 교사, 제빵사, 학생, 미국인 요리사, 기숙사생과 지역의 누나들… 연령도 태어난 곳도 하는 일도 다른 사람들이 같은 장소에서 함께 살게 되었다.

학교, 로컬을 만나다

2. 제빵사와 빵 덕후, 교사의 공개수업, 그리고

1) 개인과 개인의 관계에서 수업이 생기다

가미야마 창조학에서는 학생뿐만 아니라 교사도 지역을 보는 시선의 해상도를 높이고 싶다는 마음으로 수업을 해왔다. 하지만 설마 전직하는 교사가 나올 것이라고는 예상하지 못했다.

가미야마교의 교사는 수업 인솔자로서 다양한 장소를 방문하기 때문에 자연과 주민들과 친해진다. 이과의 마쓰다 가즈키(松田一輝) 선생도 그런 교사다. 그는 가마빵스토어(빵 등 식품을 판매하는 가게로 주식회사 푸드허브 프로젝트가 운영)를 자주 방문한다. 가장 좋아하는 것은 프렌치토스트. 항상 같은 빵을 사기 때문에 점원도 자연스럽게 얼굴을 기억한다.

푸드허브 먹거리계의 히구치(樋口)가 "가미야마교에 프렌치토스트를 좋아하는 선생님이 있어"라고 제조 책임자 사사가와 다이스케(笹川大輔)에게 말한 적이 있다. 사사와가가 언제나 프렌치토스트를 사러 오는 마쓰다 선생님에게 "가미야마교의 선생님이시죠?"라고 말을 건넨 일로 이야기는 시작된다.

처음 말을 튼 그날에 "함께 수업하면 좋겠네요"라고 의기투합한 것이다. 그렇게 이과에서 진행하는 발효 수업에서 빵 만들기 특별수업이 시작되었다.

오픈스쿨에서 수업하는 마쓰다(왼쪽), 사사가와

마쓰다 선생님은 관리 직원에게 부탁하여 수업 허가를 받았다. 그런데 교감 선생님이 "다음 오픈스쿨에서 해보게"라고 말해 일반 공개수업 방식으로 확대되었다. 사사가와와 마쓰다 선생님은 틈틈이 상의를 거듭하면서 수업안을 만들었다.

6월의 조금 흐린 토요일, 오픈스쿨 당일이다. 1학년 학생들이 앞치마를 두르고 조리실에 모였다. '과학과 인간 생활' 수업이었고 학습 내용에 '발효'가 있다. 빵 만들기를 통한 발효 수업인데 생크림에서 버터를 만들면서 상태변화를 배우고 마지막에는 구워낸 빵에 버터를 발라 먹는 정말 맛있는 수업이다. 고소한 냄새에 끌려 조리실이 보이는 복도에 많은 사람이 모였다.

사사가와는 이 특별수업을 준비한 일을 즐겁게 얘기한다.

학교, 로컬을 만나다

"가미야마 창조학의 필드워크에서 한 학년의 절반의 학생과 만나기 때문에 이미 준비된 기분이 들었어요. 마쓰다 선생님이 신속하게 학교의 사무 절차를 사전에 해결해주시고 반복해서 우리 두 사람의 의견을 수정하여 최상의 컨디션으로 당일 수업에 임할 수 있었지요."

사사가와는 수업을 끝낸 소감을 이렇게 말한다.

"이번 경험으로 다시 한번 느낀 것은 사람과의 관계성이 중요하다는 것이었어요. 선생님과 나는 학교와 지역의 관계를 계속 의논하면서 서로 이해하게 되고 내용을 만들 수 있었어요.

뭘 하겠다는 것을 성급히 제시하는 것이 아니라 일단 해보면서 깨닫게 되는 과정을 경험한 것이지요. 반드시 답을 찾겠다는 태도보다는 일단 자유롭게 해보는 시도를 했기에 가능한 성과였습니다.

나는 빵은 문화이며, 이어지는 것이라고 생각합니다. 그러나 빵도 삶의 일부입니다. 빵이 중심이 아니라 빵도 다른 것과 맺는 관계 속에 있기에 중요한 것입니다."

마쓰다 선생님이 이과 교사이고 요리를 좋아하는 것도 중요한 성공 요인이었다. 선생님은 밸런타인데이에는 수제 초콜릿을 만들어 학생들에게 주거나 화학반응 수업을 하면서 소다로 컵케이크를 만든 적도 있다.

이과의 관점으로 요리를 생각하는 마쓰다와 빵을 통해 전달하고 싶은 마음을 가진 사사가와. 이 둘의 재주와 마음으로 수업이 성사될 수 있었다.

나를 걱정해주는 사람이 있어서 기뻤다, 마쓰다 가즈키(松田一輝)

마쓰다 선생님은 그다음 해에 면사무소에 취직했다. 모두 놀랐다.

질문 왜 면사무소에 취직하셨어요?

마쓰다: 교사를 너무 하고 싶어서 계속 교원 채용시험에 응시했어요. 하지만 나이 들면서 '교사 생활만큼 좋아하는 일이 뭘까' 하고 생각해보니 그게 이 '마을'이더라고요. 그래서 마을에 남아서 변화를 지켜보려고 면사무소에 지원했습니다.

질문 제빵 수업이 계기였나요?

마쓰다: 제빵 수업에는 여러 가지 확장의 의미가 담겨 있습니다. 우선, 교과의 확장입니다. 가정과 선생님도 같이 할 수 있어요. 즉 교과의 틀을 넘어서 가정과와 이과가 함께하는 수업

이 진행되었습니다.

진학만 목표로 하는 학교라면 어려운 문제를 잘 푸는 능력이 중요하겠지만, 다른 방식의 교육도 필요하다고 생각합니다. 아이들을 잘 가르치는 데 필요한 것을 교사들이 고민하면서 학생의 흥미에 맞춰서 영어는 이렇게, 수학은 이렇게 다양한 방식으로 가르친다면 학생이 이해하기도 쉽고 즐겁게 배울 수 있을 것 같아요.

그 가운데 하나가 '체험'이에요. 학생들은 알코올 발효 시험에서는 언제나 100점을 맞아요. 대단하지요. 교과서에서는 아주 적은 내용이지만, 체험했기 때문에 학생 모두가 이해할 수 있게 되었거든요.

수업 때문에 저의 인간관계도 꽤 넓어졌어요. 사사가와와 이야기를 나누면서 이 마을에 재미있는 사람이 있다는 걸 알게 되었으니까요. 빵집만 운영하는데 아주 많은 것을 알고 있고 깊은 생각을 하고 있어서 놀랐어요. 그러면서 마을 주민을 향한 관심이 깊어졌어요.

마침 그때 가미야마 창조학이 시작되어 저도 참여하게 되었고 원래 알던 분들과도 잘 이야기할 수 있게 되었죠. 젊은 사람뿐만 아니라 노인분들도 다들 건강하고 재미있어서 '왜 가미야마에 이런 사람이 모여드는 걸까'라고 좀 더 흥미를 느끼게 되었습니다. 원래 좋은 곳이라고 생각했었지만요.

전공이 이과인 데다가 마을에는 자연과 생물이 풍부해서 저로서는 최고의 환경이었습니다.

가미야마교는 3번째 근무하는 학교인데 이전의 학교에서는 아프기도 했어요. 무리라고 생각하는 중에 4년 전에 가미야마에 왔지요. 다른 교사들을 보며 학생을 가르치는 좋은 방법을 많이 배웠어요. 조금씩 나만의 색을 찾게 되었죠. 가미야마교처럼 교직원실의 분위기가 따뜻하고 "하고 싶은 일을 해보면 좋은 거지"라고 말해주는 곳은 별로 없어요.

원래 사람을 좋아하지만, 낯을 가려요. 마을의 원두 가게 주인이 저의 전근 사실을 알고 계시더라고요. 말하지도 않았는데. (웃음) 그렇게 나를 걱정해주는 사람이 있다는 것이 기뻤어요.

가미야마교가 좋아서 그 느낌이 마을로 확장된 기분이에요. 떠날 예정은 없지만 간접적으로 가미야마교의 일을 지켜보는 것도 기쁩니다.

마쓰다 선생님과 사사가와는 수업 중에도 서로의 생각과 전문성을 존중하는 모습을 보이고, 학생들도 그 모습을 보며 기분 좋게 수업에 임한다. 학생들로서는 발효 원리를 체험하는 수업임과 동시에 평소 어른들이 강조하는 '협동'을 실천하는 모습을 가까이에서 볼 수 있는 수업인 것이다.

학교, 로컬을 만나다

3. 스승을 찾아서 뉴욕으로

1) 아르바이트할 곳이 너무 많아서 입학

인턴십 프로그램을 소개하면서 고등학교 졸업 후에 이 마을에 남아야 한다는 것을 특별히 강조하지 않으며 그 자체를 목적으로 하지 않는다고 밝힌 바 있다. 미래보다 지금 이 순간의 가치를 중요하게 여기고 싶기 때문이다.

그렇게 생각했을 때 어떤 학생과 셰프의 얼굴이 떠올랐다.

가미야마에서 태어나 가미야마중학교를 거쳐 가미야마교에 진학한 기타이 도모히로(鍛知宏)가 입학한 이유는 가마야(푸드허브 프로젝트를 운영하는 식당)에서 아르바이트하고 싶었기 때문이다. 요리에 관심 있어서 가미야마교에 다니기로 한 것이다.

아버지가 물려준 큰 키, 어머니가 물려준 친절한 마음을 가진 그는 언제나 홀연히 나타나 주위를 온화하게 만든다. 그런 기타이가 가미야마교에 입학한 해에 가미야마 창조학이 시작되었다. 말하자면 기타이는 가미야마 창조학 1기생인 셈이다. 함께 만들어 온 동료나 다름없다고 말하면 본인은 아니라고 할지 모르겠지만 내게는 그런 존재다.

그는 가미야마 창조학뿐만 아니라 손자 손 프로젝트와 네덜란드 방문 등 많은 사업에 적극적으로 참가했다. 객관적으로 봐도 고등학교 3년 동안 이렇게까지 했나 싶을 정도로 많은 만남과 체험을 했다.

2) 뉴욕의 유명한 레스토랑 셰프의 제자로

그의 인생은 어느 셰프와의 만남으로 크게 변했다. 그 셰프 이름은 데이비드 글루드, 다들 데이브라고 부른다.

뉴욕의 인기 레스토랑에서 일하던 그는 경쟁사회에 대한 의문과 푸드허브 지배인 마나베와의 인연 때문에 불쑥 가미야마에 오게 되었다.

푸드허브는 그동안 가미야마에서 오래 진행한 사업인 아티스트 인 레지던스를 응용한 셰프 인 레지던스 사업을 진행하고 있다. 체류할 곳을 제공하는 대신 가미야마의 식재료와 셰프의 기술을 조합한 요리와 가공품을 만드는 교류 프로그램이다. 이제까지 국내외에서 많은 셰프가 찾아왔지만, 데이브는 가장 오래 1년 1개월 정도를 가미야마에서 살았다.[*]

가마야에서 아르바이트하던 기타이는 언제부턴가 데이브의 제자 같은 존재가 되어 데이브의 디너 이벤트에는 언제나 보조로 일했다(데이브는 그를 '호프'라고 불렀다).

평소에는 온화한 데이브도 주방에 들어서면 표정이 달라진다. 화덕을 책임지는 기타이는 익숙지 않은 호된 영어 지시를 받으면서도

---

[*] 뉴욕의 요식업 최전선에서 일해 온 셰프는 가미야마에서 무엇을 보고 무엇을 느꼈을까. 마을을 떠나기 한 달 전 인터뷰 기사. "Why are you here? 다른 나라에서 가미야마에"(https://www.in-kamiyama.jp/diary/46616) 참조.

성실하게 일했다.

2019년 5월 기타이에게 "뉴욕으로 와"라는 말을 남기고 데이브는 귀국했다. 3개월 후 기타이는 정말 2주간 미국에 갔다. 대학 시절부터 미국을 왕래하여 현지에 지인이 많은 마나베가 통역으로 동행한 호사스러운 해외연수였다. 고등학교 3학년 여름방학에 태풍이 시코쿠를 직격했을 즈음이었다. 기타이는 당시의 경험을 이렇게 회상한다.

"다시 만난 그날 '블루힐'이라는 유명 레스토랑에서 데이브가 식사를 대접해주었어요. 특히 주방을 보여주며 요리 과정을 알려줬어요. 맛있는 요리를 먹는 손님, 묵묵히 요리하는 요리사 등 조용한 식탁과 다르게 주방은 마치 전쟁터 같았어요. 분주한 주방 모습에 놀라 '이것이 요리의 세계인가'라고 생각했어요.

이제까지는 접시에 담긴 음식을 보고 '대단하다', '맛있겠다'라고만 느꼈는데 주방을 실제로 보고 나니 맛있는 음식을 제공하는 일이 얼마나 힘든 일인지 알 수 있었어요."

3) 하고 싶은 일을 수업에서 진행하다

생생한 현장과 많은 요리사의 삶을 접하고 귀국한 기타이에게는 사실 본고장의 버거 리서치라는 미션이 있었다. 3학년에 과제연구라는 수업이 있는데 이는 전문고등학교 특유의 수업으로 스스로 주제를 정해서 조사·연구 활동을 하는 이른바 탐구학습이다.

기타이는 수업에서 이제까지의 수업 내용과 아르바이트하며 길러온 경험 그리고 미래의 꿈을 곱했다. 버거의 본고장인 미국에서 버거를 먹고 비교하며 연수하여 개발한 오리지널 버거를 11월 신농제에서 팔았다. 가미야마의 신선한 닭고기와 고등학교에서 기른 양배추를 사사가와가 만든 햄버거 빵에 넣은 특제 버거. 친구와 함께 150개를 만들어 완판했다.

졸업을 앞두고 열린 과제연구 발표회에서는 뉴욕에서 보고 들은 것과 버거 개발 단계에서 느낀 점, 판매 당일의 주방 모습 등에 관해 별도의 원고 없이 15분 동안 발표했다.

이 발표회에는 마을의 중학생 전원이 참석하여 선배의 이야기를 들었다. 중학교의 가와구치 도오루(川口徹) 교장 선생님도 "학생들에게는 책을 읽거나 TV를 봐도 온통 남의 이야기뿐인데 가까이 사는 형의 이야기를 이렇게 들을 수 있다니 너무 좋네요. 저런 일도 할 수 있구나 하고 실감 나게 들을 수 있으니까요"라면서 졸업생의 믿음직한 모습을 지긋이 바라보았다.

3월에는 기타이가 3년간 아르바이트한 가마야에서 졸업 이벤트가 열렸다. 기타이는 직원들의 지원을 받으며 메인 셰프로서 50명분의 오리지널 햄버거와 데이브가 전수해준 구운 주먹밥을 제공했다. 그의 졸업과 새로운 출발을 축하하기 위해 마을 어른, 중학교와 고등학교 동창, 부모님 등이 가득 자리를 채웠다. 마지막에 기념사진을 찍으려는 줄이 끊이지 않았다.

학교, 로컬을 만나다

현 외의 야외 이벤트에서 요리를 담당한 기타이(왼쪽)와 데이브
(푸드허브 프로젝트 제공)

졸업 후에 기타이는 오사카의 쓰지조리사 전문학교에 진학했고 2022년 봄부터 도쿄의 일본요리점에서 일을 시작했다. 그는 미래에 어떤 요리사가 될까. 어쩌면 요리사를 그만두고 마을로 돌아올 수도 있다. 그건 그거대로 좋다. 미래에 기대를 거는 것보다 지금 따뜻하고 풍요로운 지금 이 순간을 공유하는 것이 무엇보다 중요하다.

마을은 한 사람 한 사람의 집합체로서 하나하나 경험이 축적되어 지역사회를 만든다. '기타이(鍛)'라는 이름에 걸맞게 "기대한다"라고 모두 농담을 했지만, 기대라기보다 그의 존재 자체가 희망이다.

4. 끌리는 어른의 집에서 살아보기

1) 해프닝을 계기로 공상이 현실로

기숙사 설치를 결정하고 콘셉트를 검토할 때 여러 아이디어가 나왔는데 그중 하나가 '3학년은 기숙사를 떠나 지역에서 하숙하기'였다.

1학년은 부담스러워서 어렵지만 지역에 어느 정도 적응한 3학년이라면 가능하겠다고 생각했다. 또한 민가에서 하숙하면 진로 선택을 위한 자유로운 생활을 하기에도 좋을 것으로 판단했다. 민가로서는 작은 부업이 될 수 있으니 서로에게 좋은 경험이 될 것이다.

재미있는 아이디어였지만 실제로 어떤 학생이 입학할지 모르는 상태였기 때문에 일단 그 얘기는 접어두기로 했다. 그런데 아유 하우스 운영 3년 차쯤에 이 아이디어를 실현할 기회가 왔다. 기숙사 입소를 희망하는 1학년이 예년에 비해 많이 늘어났기 때문이다.

2020년에 공용 리빙동 신축을 검토하고 있었는데 빨라도 2021년 가을에 완성될 예정이라 입소를 희망하는 1학년을 모두 받을 수가 없었다.

멀리 외지에서 '가미야마에서 살고 싶다'는 용기 있는 결단을 내려준 중학생들의 마음을 되도록 충족시켜주고 싶었지만, 그들을 모두받으면 기존에 생활하고 있던 학생들도 불편하고, 신입생도 생활하기 힘들 것 같았다. 갑작스러운 인원 증가는 기뻤지만, 당황스러운 상황이 된 것이다.

직전에 작은 사건이 하나 있었다. 효고현에서 지역유학을 온 당시 1학년 나가노 지요미(長野千代美)가 "기숙사를 나갈 수는 없나요"라고 아유 하우스 마스터에게 상담했다. 그녀가 그렇게 생각한 이유는 공동생활에서 느낀 괴로움과 순수한 호기심이 있었던 것 같다.

"그때는 부정적인 이유가 컸어요. 내가 가장 중요하게 여기는 부분에 대해 다른 학생에게 몇 번 주의를 줘도 바뀌지 않아서 괴로웠어요. 남긴 밥을 멋대로 버린다든지.
한편으로는 긍정적인 이유도 있었어요. 한군데에서 계속 살기보다는 여러 곳에 가보고 싶어서 단순히 밖에 나가고도 싶었습니다."

자기 생각을 말로 표현하는 데 능숙한 나가노는 예전부터 해외에도 관심이 많았다. 그래서 그녀가 기숙사를 나가고 싶다고 말해도 주변에서 특별히 놀라지는 않았다.

다만 그녀가 기숙사를 나가면 여학생이 한 명만 남게 되는 상황이었다. 나가노보다 1학년 위의 첫 번째 지역유학생 이구치 유이(井口結衣)였다. 기숙사 담당 아키야마는 나가노와 이구치에게 "리빙 동이 만들어지기 전까지 하숙을 해보면 어떻겠니"라고 의향을 물어보았다.

이구치는 그 제안을 듣고 '재미있겠다'고 생각했던 것 같다. 한편으로는 기숙사생이 늘어나는 데 불안도 있었던 것 같다.

"기숙사보다는 가정에 가까웠기 때문에 있을 곳이 없어질 것 같다는 느낌에 조금 무서웠어요. 기숙사생이 갑자기 늘면 내가 묻혀버릴 것 같은 기분이 들었거든요."

그런 약간의 불안을 안고 두 사람은 하숙하기로 결심했다. 그렇다고 해도 하숙하는 집이 마을에 따로 있는 것이 아니어서 학생들을 받아들일 집들을 찾아야 했다. 가장 중요한 원칙은 '학생들이 같이 있고 싶어 하는 사람이어야 한다'는 것이었다.

학생 두 명은 기숙사를 나가서 어떻게 살고 있고, 학생들을 받아들인 쪽은 어떻게 느끼고 있을까. 양쪽의 이야기를 들어보자.

나가노 지요미와 하세가와 히로요(長谷川浩代)

나가노는 2013년에 가미야마에서 프렌치 레스토랑을 연 요리사 하세가와 히로요 집으로 가게 되었다.

하세가와는 가미야마로 이주하기 전에는 와인 수입 회사에서 일하면서 매년 수개월은 프랑스 시골에서 지냈다. 유럽 각지에서 오는 젊은이와 지낸 경험이 있는 하세가와는 친구와 농업에 힘쓰며 집필과 번역, 기업 홍보 일을 하고 아유 하우스의 요리 지도도 맡고 있다.

나가노는 "집에 두 종류의 소금이 있어요! 후추도 세 종류나 돼요!"라며 하세가와의 전문적인 요리 세계에 놀라며 관심 있어 했

다. 음식과 해외에 관심이 높은 나가노로서는 최고의 롤모델을 만
난 것이다.

○ 하세가와의 이야기

질문 처음에 이런 제안을 받고 나가노와 함께 사는 것에 대해 어
떻게 생각했나요?

하세가와: 갑작스러운 제안이어서 조금 생각할 시간이 필요했어
요. 같이 사는 친구는 도쿄에서 주로 지냈기 때문에 거의 혼
자 살고 있었거든요. 자유롭게 지내다가 룸메이트가 는다는
것에 대해 생각해볼 필요가 있었죠.

보호자 역할을 얼마나 해야 하는지, 하숙비를 얼마나 받
아야 하는지도 잘 모르겠더라고요.

그래도 나가노와는 밭일을 같이한 적도 있고 자립심이 강
한 아이라는 것을 알고 있었기 때문에 좀 안심되는 부분도 있
었어요. 모르는 아이를 받는다면 정말 큰 고민이지만, 그래도
어느 정도 아는 아이라서 받을 수도 있겠다고 생각했어요. 내
가 받지 않으면 다른 곳을 찾아야 하니까 그건 그거대로 큰
일이잖아요. 한편으로는 재미있겠다는 생각도 들었어요.

질문 실제로 4개월 정도 지내보니 어때요?

하세가와: 처음에는 서로 적응이 안 되어서 조심스러웠지만 점차

각자의 리듬을 알게 된 느낌이에요. 나는 부엌을 제2의 내 방처럼 사용하기 때문에 나가노가 편히 지낼 수 있는 곳은 자기 방뿐이라는 게 좀 미안하긴 해요.

질문 처음에 우려했던 것과 달라진 부분이 있나요?

하세가와: 혼자만의 시간이 없어지는 것은 아닌가 걱정했지만 그런 일은 전혀 없었어요. 나가노는 바빠서 집에 없을 때가 많거든요.

질문 스스로 뭔가 변했다고 느끼나요?

하세가와: 부모의 마음을 조금 알게 된 것 같아요. 아유 하우스에서 조리할 때도 느끼는 점이지만, 대답할 수 있는 것도 있고 없는 것도 있는데 매번 나 나름대로 대답을 내놔야 하는 상황이 발생하죠. 예를 들어 지각을 자주 하면 얘기를 해야 하나 말아야 하나 하는 상황 같은 거요. 그래도 본인이 좋아서 하는 일이면 그냥 지켜봐야겠다고 생각하면서 참견하지 않고 지내는 편이에요.

그리고 나가노를 받기로 하면서 예전부터 하려고 마음먹었던 부엌 개조를 하게 된 건 잘된 일 같아요.

질문 나가노는 부엌에 있는 많은 조미료를 보고 자극받은 것 같던데요?

하세가와: 아, 그래요? (웃음). 작은 거 하나라도 이상한 압박이 되면 안 된다는 생각이 들어서 신경 쓰여요. 다만 내가 하는 일에 내가 왜 집중하는지는 알려주고 싶더라고요.

○ 나가노의 이야기

질문 하숙 생활은 기숙사 생활과 달라요?

나가노: 네, 달라요. 기숙사에서는 시끌벅적하고 웃고 노는 즐거움이 있었다면, 하숙에서는 어른과 지내는 시간이 길어졌어요. 흥미진진해요. '재미(fun)'와 '흥미(interesting)'의 차이 같은 느낌이에요.

가끔 아유 하우스 생활이 부럽다고 느낄 때도 있고 놀러 가고 싶기도 한데 지금은 하숙 생활도 적응 중이라 이대로 돌아간다면 의미가 없다고 생각해요.

저는 가미야마를 나가도 어른이 되어서 돌아오고 싶으니까 그때에도 친하게 지내고 싶어요.

기숙사생이라면 '아유 하우스 학생'이라고 알아보겠지만 단지 그뿐인 것 같아요. 기숙사생이 많으면 누가 누군지 모르니까요. 나는 역시 개인으로 기억되고 싶어요.

히로요와도 아직 충분히 대화한 것은 아니기 때문에 여름방학 동안 1주일간 딱 달라붙겠다고 선언했습니다.

질문 충분히 대화할 시간이 없어요?

나가노: 아침 6시에 아르바이트를 가야 해서 준비하려면 서둘러야 해요. 히로요가 아유 하우스에서 근무하면 9시 정도거나 늦을 때는 11시에도 와요. 나는 아침에 일찍 나가서 일찍 자니까 1주에 한두 번 정도만 밥을 같이 먹게 돼요.

질문 생활 리듬이 완전 다르군요. 하숙이라기보다 셰어하우스에서 지내는 것처럼 보이네요?

나가노: 그 점이 좀 아쉬워요. 마음먹고 하숙하러 왔는데 그렇게 되어버려서요. 그만큼 히로요가 하는 일을 잘 몰랐던 거죠. (웃음) 앞으로는 차분히 진로와 인생 상담도 하고 싶어요.

질문 4개월 동안 뭐가 제일 많이 변했나요?

나가노: 아는 사람이 늘고 어른들과 이야기를 많이 하게 되었어요. 그런 점이 마음에 들어요.

예전에 어떤 이벤트에 히로요가 출점하여 저도 도와주러 갔었는데 거기에서 여러 사람을 소개받았고 텐트를 돌면서 자기소개를 하기도 했어요. 하숙하기로 한 데는 여러 사람을 알고 싶었던 이유가 컸기 때문에 그 점이 만족스러워요. 계속 기숙사에 있었다면 그런 생각이 없어졌을지도 몰라요.

질문 왜 어른과 사귀고 싶어요?

나가노: 다양한 인생과 생각을 알 수 있잖아요. 기숙사에서 지내면서도 다양한 사람이 있다고 느꼈기 때문에 나이와 직업이 다른 사람의 이야기를 들으면 뭔가 재미있는 것을 발견할 수 있을 것 같았어요.

나는 스스로 우울해한다던가 내가 싫어지는 일도 있는데, 여러 사고방식을 알게 되면 더 현명하게 극복할 수 있다고 생각해요. 미래의 선택지도 그만큼 넓어질 것 같고요.

질문 옛날부터 그런 생각을 했나요?

나가노: 잘 모르겠어요. 다만 항상 '왜?'라는 생각을 자주 했어요. 그런데 알고 싶은 게 있어도 소심해서 말을 걸 수 없었어요. 모르는 장소에 갈 수 없었고요. 가미야마에 와서 나아졌고 하숙을 하며 더 나아진 것 같아요.

질문 하숙하면서 변했다고 느끼는 거군요?

나가노: 모두 "하고 싶으면 해봐"라고 말해주세요. 그래서 용기가 나요.

질문 가미야마교는 대학 진학보다는 전문 분야로 가는 사람이 많은데 특별히 미래에 불안을 느끼나요?

나가노: 아니요. 자격증을 따고 싶으면 언제든 딸 수 있다고 생각해요. 다만 "학교에서 이런 자격증을 딸 수 있어"라는 말만

좋아하는 동영상을 보는 나가노(왼쪽)와 하세가와

들고 준비하고 싶지는 않아요.

그래서 가미야마교처럼 뭘 확실히 정하지 않은 학교가 좋아요. 정해지면 편이긴 하겠지만 꼭 그런 것만은 아니죠.

정해진 것을 잘 따르는 편이긴 한데 그래도 내가 좋아하는 일을 하고 싶어요. 귀찮은 유형의 학생인지도 몰라요. (웃음)

진학과 취업이 절대적이라고 생각하지도 않고 여기에서 외지로 가서 헤매도 가미야마로 돌아오면 어떻게든 될 거로 생각해요. 인생을 너무 만만하게 본다고 말할지도 모르지만.

질문 의지가 강하네요?

나가노: 전에는 잘 취직하는 게 좋다고 생각했지만, 지금은 그렇게 하지 않아도 어떻게든 된다고 생각하게 되었어요. 여러 사

학교, 로컬을 만나다

람을 만난 덕분이죠. 대학에 간 사람도 가지 못한 사람도 있고, 취직하고 그만둔 사람도 있고, 계속 농사를 짓는 사람도 있고, 정말 다양하게 살 수 있다는 걸 봤어요.

'미래는 어떨까'라고 생각할 때도 있지만 '괜찮아, 어떻게든 될 것이고 어떻게든 한다'는 생각이 들어요. 조금 강해진 기분이에요.

이구치 유이와 오다 나오코(小田奈生子)

이구치는 학교에서 자전거로 10분 거리의 상점가에 있는 오다 나오코의 집으로 가게 되었다.

오다는 제2장에서 소개한 가미야마 창조학의 필드워크 대상지인 문구점의 주인이다. 독특한 감성과 너그러운 성격으로 사람들은 그를 '오다'라고 부른다. 가미야마에 오기 전에는 도쿄에서 아르바이트하면서 일본 각지를 여행하고, 이스터섬에서 한달살기를 한 경험이 풍부한 행동파다.

이구치도 항상 밝은 모습이지만 오다도 항상 방긋방긋한다. 분위기가 비슷한 두 사람의 생활은 어떤 모습일까.

○ 오다 이야기

질문 처음에 어떻게 학생을 받게 되었나요?

오다: 어느 날 이구치와 아키야마가 가게에 와서 "하숙집을 찾고
있어요"라고 말했어요. 우리 집은 셰어하우스라서 여러 명이
살았는데 1층을 가게로 만든 후로는 사람을 들이지 않고 있
었거든요. 하지만 이구치는 알고 있는 아이였고, 기간도 정해
져 있었고, 다른 마땅한 곳도 없을 것 같고, 아이가 있다면
주변 사람도 좋아할 것 같아서 받기로 했어요.

질문 바로 결정했나요?

오다: 조금 생각하고 좋다고 했어요. (웃음) 고등학생과 살았던
적이 없고, 혹시 내가 18살에 아이를 낳았다면 이구치만 한
딸이 있을까 하는 생각에 좀 재미있기도 했어요.
　　확실히 돌보는 건 자신 없지만 이구치라면 괜찮을 것 같았
어요. 붙임성 있고 성실한 아이라고 생각했었거든요.

질문 같이 살아보니 어때요?

오다: 성실한 인상은 변함없어요. 밥도 스스로 하고요. 어려운 점
은 전혀 없어요. 주변에서 밥 먹으러 오라고 해서 주 2회 정도
는 함께 밥 먹으러 가서 9시에 돌아와요. 그 외의 식사는 기
본적으로 따로 하고요. 정말 좋은 것은 이구치의 기타 연습

소리를 듣는 거예요.

질문 보호자 역할을 해야만 할 것 같은 갈등 상황은 없나요?

오다: 이구치라면 괜찮을 거라 생각했어요. 이제까지 2년간 아유하우스에서 함께 요리하며 생활했으니 껄렁껄렁한 학생과는 다르다고 생각해요. "몇 시에 돌아와"라고 엄하게 단속하지 않으려고요. 물론 여러 고민을 이야기하기도 해서 완벽한 조언을 할 순 없지만, 이야기를 들어주려고는 노력하고 있어요.

질문 오다 씨는 어떤 영향을 받았나요?

오다: 이구치는 어려도 성실해요. 그 모습을 보고 있으면 저도 잘해야 한다고 느껴요. 이구치가 친구를 불러 우리 부엌에서 점심을 먹기도 하고 다코야키 파티를 열기도 하는데요. 평소에 고등학생과 만날 일이 없어서 그렇게 자연스럽게 만나는 게 정말 재미있더라고요. 성격이 맞는 것 같기도 해요. 이구치가 떠나면 쓸쓸할 것 같아요.

○ 이구치 이야기

이구치: 저는 나가노처럼 이래서 하숙을 하고 싶다는 명확한 이유가 있지 않았어요. 딱히 롤모델을 찾고 싶은 생각도 없었고요. 오히려 기숙사 환경이 변했기 때문에 도망치는 기분으로

하숙을 결정했어요. 오다와는 가벼운 인사를 하는 정도였는데 저를 받겠다고 말해주셔서 감사해요.

너그러운 분이라 많이 도움되요. '내가 생각을 너무 많이 했나. 웃자!' 이런 식으로 마음이 풀리곤 하죠.

너무 밀착된 것도 너무 떨어진 것도 아닌 느낌이 딱 적당하고 좋아요. 오다는 늦게까지 논과 가게 일을 하고, 저는 저녁 먹고 바로 내 방으로 들어가기 때문에 못 보는 날이 많아요. 하지만 부엌의 화이트보드에 "밥 잘 먹었어요", "감자샐러드 먹어"라고 써서 소통하는데 나름 좋아요.

질문 4개월 살아보니 어떤가요?

이구치: 하숙을 시작하면서 느낀 것은 절약 정신이 커졌다는 거예요. 기숙사에서도 만들어 먹는 일은 있었지만, 기본적으로 식비를 관리해주기 때문에 그 정도로 절약하진 않았어요. 그런데 하숙을 하면 직접 ATM에서 돈을 찾아서 써야 하고 밥도 스스로 준비해야 해요.

질문 후배들에게 하숙을 추천하고 싶나요?

이구치: 뿌듯한 경험이라고 말할 수 있어요. 혼자서도 잘할 수 있다는 독립심도 커지죠. 물론 기숙사 생활이 그 토대가 된 것도 큰 이유예요. 의식한 적은 없지만 기숙사 생활을 했기에 좀 더 잘 지역과 연결됐고, 요리도 할 수 있게 된 것 같아요.

다코야키 파티를 연 오다와 이구치(오다 제공)

질문 만족스러운가요?

이구치: 좋아요. 중학생 때는 학생도 많고 선생님과 대화도 거의
　　　없어서 친근한 별명도 없었는데 지금은 다들 저를 '이구짱'이
　　　라고 불러줘요.

질문 중학생 때는 어른스러웠어요?

이구치: 존재감이 없었어요. 그런데 가미야마에 오니 누군가가 나
　　　에게 의지하기도 하고 나를 불러주어서 정말 좋았어요.
　　　　지역유학을 하기 위해 가미야마에 온 건 아니에요. 목표를
　　　정해서 왔다기보다는 환경을 바꾸고 싶다는 생각이 더 많았
　　　어요. 어쨌든 떠나고 싶다는 간절한 심정으로 왔어요.

질문 바뀌었다고 실감하나 봐요?

이구치: 누가 말해주지 않아도 내가 제일 잘 느끼고 있어요. 있는 그대로의 나에게 친하게 대해주는 사람이 많아서 나를 소중하게 여기게 되었어요. 정말 구원받은 기분이에요. 나와 앞으로도 잘 지내지 않으면 안 되니까요. 지금은 뭔가를 할 수 있다는 자신감도 생겼어요.

질문 가미야마교의 선생님에게 "학생이 어떻게 되었으면 좋겠습니까?"라고 물어보면 모두 "자신감을 가지길 바란다"라고 말씀하시더군요.

이구치: 선생님들의 마음이 느껴지네요. 처음에는 가미야마교에 오고 싶다고 생각하지 못했는데 지금은 학교도 좋고 마을의 매력에 푹 빠졌어요.

마루야마 선생님과 이야기하면 기분이 좋아요. 방과후까지 발표 연습을 함께 해주시기도 해요. "열심히 연습했네, 좋아졌어"라고 칭찬해주세요. 정이 많은 선생님이에요.

다른 선생님들도 잘 보살펴주세요. 이름을 불러주니까 고맙기도 하고 부탁해주는 것도 감사해요. "실습 짜증 나!", "선생님 귀찮아!"라고 말하는 친구도 있지만 즐기는 것은 자기 나름대로 결정할 일이라고 생각해요.

중학교 담임 선생님이 잘 보살펴주셨는데 2년간 같은 선생님이어서 가미야마에 가고 싶다고 편하게 말할 수 있었어요. 격려도 많이 해주셨죠. 졸업할 때는 "있는 꽃을 피우렴"

이라고 말해주셨어요. 그때는 '내가 그럴 수 있을까' 하는 생각이 있었는데 지금은 그렇게 할 수 있을 것 같은 자신감이 생겼어요.

이야기를 들으면 들을수록 이들의 말의 의미가 아름답게 느껴졌다. 신뢰에 기반하여 서로 일상적으로 대화하는 건강한 관계가 형성되고 있는 것 같다.

5. 무리하지 않고 협력하는 법

학교와 지역, 아이와 어른 등 서로 다른 존재가 협력하는 환경은 어떻게 만들어지는 걸까. 이것이 이 책을 통해서 생각하고 싶었던 물음이다.

돌아보면 건전한 육성이 이루어지는 곳에는 몇 가지 공통점이 있는 것 같다.

1) 공정한 관계성

6년간의 시도를 돌아보면 프로젝트 만드는 방법과 진행 방법이 무리 없이 잘 이루어진 것 같다. 거꾸로 말하면 관계에 대한 이해가 충분히 이루어지지 않거나 특정 개인에게 너무 많은 일의 부하가 걸리면 일이 잘 진행되기 어렵다.

지극히 당연한 말이지만 당연하지 않은 것이 지금의 사회현실이다. 고객의 주문에 맞춰야 하는 장시간 노동, 결론이 정해져 있는 형식적인 회의, 반론이 허락되지 않는 상사의 지시 등 불합리와 억지 뒤에는 힘의 불균형이 작동하고 있다.

내가 연고도 인연도 없는 가미야마에 오려고 결심한 이유는 면사무소 공무원, 교사, 경영인, 이주자, 20대, 40대 등이 같은 곳에서 서로의 발언에 귀 기울이며 살아가는 것을 눈으로 보았기 때문이다. 지위, 능력, 경험, 입장에 연연하지 않고 누구나 말할 수 있는 분위기, 거기에는 미래의 희망과 타인을 향한 따뜻한 관심이 가득 차 있었다.

이주하고 나서도 마을 구석구석에서 기분 좋은 에너지를 느꼈다. 긴 시간에 걸쳐 배양된 그런 건전함에 스며들면서 나도 그 문화를 이어가는 데 기여하고 싶은 마음으로 기분 좋게 일할 수 있었다.

학교에 교사와 학생만 있다면 어쩔 수 없이 '가르치다, 가르침을 받는다'는 폐쇄적인 관계가 될 수밖에 없다. 그런데 코디네이터와 지역주민이 일상적으로 학교에 들어감으로써 고정되기 쉬운 관계를 역전시킬 수 있다. 그 역할을 가미야마 창조학이 한 것이다.

입학 전에 진행하는 신입생 합숙은 서로 다른 중학교에서 온 학생들이 관계를 만드는 기회이자 학교의 규범을 받아들이는 시간이다. 수용하는 학생의 생각에 따라 그 기회의 상태는 크게 달라질 수 있다.

학교, 로컬을 만나다

아유 하우스에서는 기숙사생도 직원도 같은 공간을 구성하는 동등한 행위자다. 보통은 화기애애하지만, 생활을 함께하기 때문에 의견 충돌도 발생한다. 그러나 평소 타인에 대한 존중감을 공유해왔기에 소통이 잘 이루어지는 편이다.

조경 기술을 배우는 학생이 유료로 노인의 집 마당을 정돈해주는 손자 손 프로젝트는 서로 할 수 있는 일과 할 수 없는 일의 문제를 잘 해결하려는 노력이다.

농업사회가 배양 지식을 가르쳐 지역의 씨앗을 연결하는 콩깍지 프로젝트는 양자가 각자의 장점을 활용해 미래를 만들려는 노력이라고 평가할 수 있다.

서로 다른 입장과 경험을 존중하고, 공정한 관계를 형성하고, 서로 특성이 잘 어우러졌을 때 비로소 좋은 에너지가 생긴다.

2) 시도의 관용성

실현하고 싶은 미래와 현실의 격차를 메우려고 노력하는 것은 비즈니스에서도 기본 중의 기본이다. 이상을 그리는 일은 분명 중요하지만, 이상을 그리기 위한 의논과 합의 형성만을 위해 시간을 낭비하거나 실행자 없는 계획을 세워 일이 제대로 진행되지 않는다면 이익은커녕 본전마저 까먹을 수 있다.

가미야마의 재생전략 '마을을 미래세대에게 연결하는 프로젝트'는 워킹그룹 구성원들이 스스로 자기의 일이라고 생각하며 주제를 선정하고 회의를 반복했다. 그 결과 "현실 상태를 바꾸고 싶다", "이런 일을 하고 싶다"는 절실한 필요성에 합의할 수 있었다. 그런 과정을 적용할 수 있었던 것은 주체가 존재하지 않는 계획의 공허함을 고통스러울 정도로 이해하는 사람들이 많았기 때문이다.

거듭 말하지만, 시도라는 건 사전에 성공을 장담하기 어려운 유기적인 일이다.

도토리 씨앗으로 묘목을 키운다. 게다가 그 공공사업에 학교가 수업의 일환으로써 참여한다. 학생은 물론 교사나 공무원도 해본 적 없는 일이 도토리 프로젝트였다. 시간이 너무 오래 걸려서 다른 수업을 하지 못하게 된 때도 있었다. 그래도 누구 하나 '하지 않았으면 좋았을 텐데'라고 생각하지 않았다.

학교와 지역이 협력하여 학과개편을 한 것도 매우 큰 시도였다. '학과를 개편하면 정말 현 외에서 입학 희망자가 나타날까' 하며 반신반의하던 사람도 많았다. 해보지 않으면 알지 못하는 것을 사전에 증명하는 일 따윈 할 수 없으므로 고등학생의 거주지는 기존 시설을 활용하여 위험부담을 줄였다. 어느 정도 현 외에서 입학 희망자가 오는 것을 알게 된 후에 공유동을 신축했다. 일정 정도의 위험부담을 안고 가면서 단계적으로 일하는 법을 배운 소중한 경험이었다.

인턴십과 일 체험을 받아들였는데 졸업 후에 자사에 취직하지 않았다고 불평하는 회사는 없다. 학생에게 인턴십이 시도의 기회라는 것을 지역 어른들이 잘 이해하기 때문이다. 이처럼 서로의 기대치를 사전에 알아두면 기분 좋게 관계할 수 있다. 경험 없는 일을 하는 것을 지탱하는 것은 주위의 관용이다.

3) 자기만족

무리 없이 타인과 협력하는 것은 자신의 태도를 고치는 일이기도 하다. 지금의 자신과 주위의 컨디션, 하루하루를 축적하는 노력에 신경을 써야 한다.

이렇게 생각하게 된 배경에는 내가 20대에 일한 비영리법인에서의 경험이 있다.

방글라데시에서 그라민 은행을 시작한 무함마드 유누스 총재가 2006년 노벨 평화상을 수상하면서 '소셜 비즈니스'라는 개념이 세계적으로 주목받았다. 일본에서도 마더하우스*, 플로렌스**, 카타리바***, 가모노하시 프로젝트**** 등 사회문제 해결을 목표로 하는 사회적기업이 많이 등장했다.

---

* 비영리법인 마더하우스(NPO法人マザーハウス)는 수형자와 출소자의 사회 적응을 지원한다(https://motherhouse-jp.org). (역주)
** 비영리법인 플로렌스(NPO法人フローレンス)는 빈곤 아동, 장애 아동, 아동 학대 등의 문제해결을 지원한다(https://www.florence.or.jp). (역주)
*** 비영리법인 카타리바(NPO法人カタリバ)는 아동의 교육활동을 지원한다 (https://www.katariba.or.jp). (역주)
**** 가모노하시 프로젝트는 캄보디아에서 아동 인신매매 문제해결을 위해 활동 한다(https://www.kamonohashi-project.net). 일본어로 가모노하시(鴨嘴)는 오리너구리이다. (역주)

물질적 풍요로움을 누리면서도 '잃어버린 20년'을 살고, '유토리 세대'*라고 야유받던 당시 10-20대들은 '일을 통해 사회를 바꾸자'는 사고방식과 생존방식에 마음이 많이 흔들렸을 것이다.

나도 그랬다. 학창 시절에 알게 된 비영리 교육활동의 비전과 스스로 느낀 사명감으로 지부를 만들었고, 대학 졸업 후에도 그 단체에서 일했다.

소셜 섹터에는 주로 높은 의지와 정열을 가진 사람들이 모이는데, 너무도 강한 사명감과 헌신성 때문에 심신의 균형이 깨지거나 비슷한 문제의식을 느끼는 동료와 갈등하는 경우를 자주 보았다. 아동 노동, 아동 빈곤, 재해 복구 등 복잡한 사회문제를 해결하면서 문제의 중압감에 무력감을 느끼기도 하고, 주위와의 의식 차이 때문에 괴로워하기도 한다. 물론 이런 상황은 소셜 섹터에만 국한된 이야기는 아닐 것이다.

'조직을 위해', '지역을 위해' 몸이 부서져라 일해도 자기 자신과 주위의 소중한 사람이 피폐해지는 것은 정말 슬픈 일이다. 어려운 문제를 대하는 일에는 반드시 자기희생이 따라야 하는 것일까 하는 의문이 들었다. 그러나 이 마을에서 만난 사람의 대부분은 소모적이지

---

*유토리(ゆとり) 세대는 1987-2004년에 태어난 세대로서 여유(유토리) 있는 교육을 받은 세대라는 의미다. 교육 시간과 교과 내용이 줄어들고 교과 외 시간이 많은 교육을 받았다. 그러나 학력 저하와 학생 간 편차가 심화되어 시행 5년 만인 2007년 폐기됐다. 그래서 유토리 세대를 '학력 저하 세대'라는 의미로 쓰다가 나중에는 젊은 층을 비하하는 말로 굳어졌다. (출처: 한경 경제용어사전) (역주)

학교, 로컬을 만나다

않고 건전함으로 가득 차 있었다. 물론 각자 고민도 있고 해야 할 것들도 있겠지만 자기 인생을 살아가는 느낌이 있다.

특히 농업과 교사의 대범함에 놀랐다. 내가 만났던 많은 교사가 정직하고 착실했는데 농업과 선생님들은 좋은 의미로 털털하다. "움직이며 삽시다"라며 땅으로 가는 분 등 정말 유연한 분들이 많다. 날씨와 자연환경에 좌우되는 농업에 관련된 일을 하기 때문일까. 학생들을 바라볼 때도 "하고 싶은 대로 크면 그걸로 족하다"라며 느긋하게 지켜본다.

우리는 모두 보이지 않는 것에 불안과 불만이 있다. 그러나 나무들은 눈에 보이지 않지만 숨 쉬고 있고, 땅속에는 미생물들이 살고 있다. 보이는 것만으로 판단해버리는 것은 너무도 성급한 것이라고 느끼게 되었다.

무리 없이 협력하는 장에서 나타나는 세 가지 공통점을 소개했다. 물론 이외에도 여러 가지가 있을 것이다.

4) 공립고교가 갖추어야 할 자세의 재정의

2년간 코디네이터로 관여하는 동안 효과가 나타나기 시작했다. 이렇게 배운 것에 초점을 맞춰 공공 교육기관의 거점으로서의 역할을 중심으로 마을의 경관 만들기에 일조하고 있다. 지역과 함께 자라는 가미야마교의 윤곽은 6년간의 노력으로 좀 더 확실해졌다. 이런 과정은 전국 공립학교의 자세를 재정의하려는 시도라고도 볼 수 있다. 2022년부터는 이제까지의 성과를 바탕으로 커뮤니티 스쿨을 진행하고자 한다.

기후위기 심화에 가장 직접적으로 영향 받는 농업. 앞으로의 환경·식·농 속에서 우리는 어떻게 대처해야 할까. 농업고등학교인 가미야마교에 그 배움의 가능성이 있다. 거기에 의의를 두는 사회가 되길 바란다.

지역과 학교는 늘 그 자리에 있지만 교사, 학생, 주민은 계속 움직이고 변한다. 그러므로 다음에 이어서 살고 활동할 사람들이 기분 좋게 할 수 있는 바탕을 마련해놓는 것이 매우 중요하다.

이후의 세대에게 넘기는 쪽에서도 자료 인수인계 개념이 아니라 그동안 시도한 노력과 과정, 가치관 등을 잘 전달해야 한다. 그렇게 한 후에는 그 시대에 그 장소에 있는 사람들이 생각해서 판단하고 행동할 수 있을 것이다.

무엇을 하고 어딘가에 도달하면 끝나는 것이 아니다. 이것은 학교에만 국한된 이야기가 아니다. 지역도, 인생도 실험은 계속된다.

2022년 3월 아유 하우스 1기생이 졸업했다. 코로나 때문에 제한된 인원으로 졸업식을 했지만, 다음 날 SNS에는 졸업생들의 명랑한 사진과 졸업에 대한 아쉬움, 선배들의 새로운 시작을 응원하는 후배와 주민들의 코멘트가 넘쳤다.

마을 중학교에서의 진학도 늘어 기숙사생을 합치면 전교생의 30%가 마을에 살면서 가미야마교에 다니고 있다. 음식점, 편의점, 료칸(여관) 등 구석구석에서 일하는 학생들의 모습을 자주 볼 수 있다.

채소를 실은 리어카를 끌고 가는 작업복 차림의 학생과 허리 굽은 할머니가 길가에서 대화하는 모습, 교복을 입고 바람을 가르며 자전거를 타는 모습, 초목이 무성한 숲 옆에서 씩씩하게 자라는 금색 밀밭의 모습.

모르는 사람에게는 그저 별것 없는 시골의 한 풍경일지도 모른다.

그러나 이런 것들의 이면에는 사람들의 바람과 행동이 있다. 사소한 풍경 하나하나가 누군가, 언젠가의 노력으로 생긴 것이다. 한 사람 한 사람이 사회를 만들고 있다. 지난 시간 동안 그런 당연한 일을 재확인하며 살았다.

지역 운영 일은 끝이 없다. 6년간의 세월은 지역 역사에서 보면 지극히 일부이지만, 한 사람의 인생의 길이로 보면 절대 짧지 않은 시간이다.

이 마을에 와서 나 자신의 세계도 꽤 넓어졌다. 학교 수업으로 석축을 쌓다가 재미를 느껴 이탈리아까지 석축 쌓기 합숙을 간 것, 이를 계기로 친구와 수제 돌가마를 만든 것 등은 전혀 예상하지 못했던 일이다. 주위 사람들을 본받아 내가 할 수 있는 일을 늘려보고 싶어서 집 주변의 나무를 자르고, 밭에서 채소를 기르고, 씨를 받기도 했다. 완전히 인생이 바뀌어버렸다.

햇볕을 쬐며 몸에 땀이 나는 것을 느끼며 땅과 채소를 마주하는 토요일, 식자재를 허투루 쓰지 않게 건조와 절임을 만드는 일요일. 삶을 효율성과는 동떨어지게 수정하는 과정에서 나 자신도 정리되는 걸 느낀다. 날씨에 좌우되는 밭일에서는 내 생각대로 되지 않는 것과 타협하는 법도 배운다.

교감 시절부터 가미야마교를 지켜온 아베 선생님은 올봄 정년퇴직하셨고, 새로 오신 이케다 교감 선생님은 커뮤니티 스쿨 코스를 만드신다. 오랫동안 지역과의 협동을 견인한 마루야마 선생님 외 많은 선생님이 전근하게 되었다.

학교, 로컬을 만나다

가미야마교 지역유학의 역사를 만든 이구치는 도쿄농업대학 생물산업학부로 진학하여 홋카이도로 갔고, 하우스 마스터의 시초를 만든 아라키는 다음 멤버에게 넘기고 유학을 준비하고 있다.

내뱉은 숨을 거두어들이는 것처럼 과거에 가미야마교에 있던 교사들이 돌아와서 연대공사도 새로운 직원을 맞이했다. 중학교와 농업체험과 학교급식을 엮는 새로운 사업도 시작한다. 좋은 관계성과 그것을 지탱하는 장이 있다면 그때그때 필요한 활동과 일은 생겨난다. 이 마을에서 배운 것이다.

나도 이 책이 출판되는 시점에 가미야마연대공사를 졸업한다. 이 땅에서 만난 파트너와 여행하면서 당분간 앞으로의 삶을 생각하는 탐색기에 들어갈 것이다. 앞으로는 개인으로서 가미야마교의 미래를 지켜보고 또한 새롭게 설립되는 비영리법인 '마을의 먹거리와 농업교육'에 이사로 참여한다. 교육에 더해서 먹거리와 농업 환경은 내 삶의 테마가 되었다.

그나마 나름대로 매듭을 지을 수 있었던 것은 연대공사 동료들이 이어받아 주었기 때문이다. 아키야마 지쿠사, 아라키 미사코, 우메다 마나부, 가니무라 마사히코(兼村雅彦) 등 친절하면서도 강한 사람들과 함께 일한 것을 자랑으로 생각한다.

히구치 아스카를 필두로 푸드허브 프로젝트 여러분의 협력이 없었다면 여기까지 진행하기 어려웠을 것이다. 그분들은 일뿐만 아니라 밥과 위장도 챙겨주었다.

프로젝트 진행 방법을 고민할 때, 시야가 좁아졌을 때, 항상 니시무라 요시아키가 조언해주었다. 책을 쓴다는 미지의 세계를 알려준 것도 니시무라다. 구상부터 서투른 초고 교정까지 많은 도움을 받았다.

출판 기회를 준 출판사의 안도 아키라(安藤聡)에게도 감사드린다.

오랫동안의 활동과 많은 사람과의 관계를 원고로 정리하는 동안 생각 이상으로 소심한 시간을 보냈다. 그때 정확한 조언과 격려를 해준 스기모토 교코(杉本恭子)와 하시고 마이코(梯愛依子)에게도 감사한다.

일상의 풍요로움에 눈을 돌리게 된 것은 남편 히로타카(啓高) 덕분이다. 내가 글을 쓰는 동안 남편은 가사를 맡아서 했다.

이 책에는 50명이 넘는 분들이 등장한다. 미처 소개하지 못한 분들이 더 많다. 가미야마교의 개성이 풍부하고 대단한 선생님들, 마음 착하고 건전한 학생들, 성실하고 순수한 면사무소 분들 그리고 많은 멋진 마을 사람들.

다시 한번 곰곰이 생각해보면 나는 읽은 책과 만난 사람에 의해 만들어지고 있다는 점이다. 정말 감사드린다.

2022년 4월 2일

자택의 손수 만든 선룸에서

모리야마 마도카

이 책에 소개된 영상

〈도토리 프로젝트(どんぐりプロジェクト)〉

"集合住宅をつくるプロセスで大切にしてきたことを役場と公社の
担当者が話している"(https://youtu.be/AZQ_-8KDRHM)

〈손자 손 프로젝트(孫の手プロジェクト)〉

"当日の様子と,依頼者のおばあちゃん,生徒,先生,公社代表の
声"(https://youtu.be/7gAyMOSFiR4)

〈콩깍지 프로젝트(まめのくぼプロジェクト)〉

"耕作放棄地の状態から再耕起して小麦が芽を出すまでを追っ
た"(https://youtu.be/4HsmIXKc0uI)

〈선생님들과 다 함께 식사(先生みんなでごはん)〉

"町内のアーティストらによる特別授業の報告会を行った第 回の様
子"(https://youtu.be/J5eW_9gs_78)

〈마을 버스투어(町民·町内バスツアー)〉

"町内に住む人々が町内;の新しい施設を訪れる 1 日のツアーの様
子"(https://youtu.be/IaF3c6i7STU)

1. 지역재생 모델은 (밖이 아니라) 우리 안에 있다

2020년에 『마을의 진화: 산골 마을 가미야마에서 만난 미래』를 번역 출판하여 우리나라에 가미야마라는 지역을 소개하는 데 일조한지 3년이 지났다.

『마을의 진화』를 번역하기 전이나 번역한 후에도 국내에서 가미야마의 인기는 여전하다. 많은 관광객이 주로 가는 일본의 인기 지역이 있지만 지역창업, 마을공동체, 지역재생에 관심 있는 사람들은 '가미야마에 꼭 가보고 싶다'고 말한다.

번역자로서는 일견 뿌듯한 반응이지만 한편으로는 여전히 걱정스러운 점이 있다. 가미야마는 일본인도 잘 모르는 곳인데 유토피아처럼 과대광고가 되는 건 아닌가 하는 우려다. 또한, 우리나라의 많은 지역도 저마다 노력하는데, 다양한 조건과 내부 문제에 대한 고민 없이 기계적으로 성공모델 베끼기를 할까 봐 걱정된다는 의미다.

2. 지금, 일단 해보는, 영역 횡단적 노력

잔잔한 걱정과 함께 가미야마에 대한 두 번째 책을 또 번역했다. 이 책은 가미야마의 중간지원조직인 가미야마연대공사의 직원인 한 여성이 가미야마교라는 공립 농업고등학교에 사회인 강사이자 코디네이터로 활동하면서 교육과 지역이 어떻게 연결될 수 있는가를 소개한 책이다.

『마을의 진화』에서는 지역 전체의 30년간의 노력을 큰 틀에서 소개하는 데 중점을 두었다면, 이 책은 그 일부 혹은 그 후 6년 동안 진행된 교육 부문의 노력을 소개하는 것이 차이점이다.

그렇다고 교육학이나 농업교육의 중요성을 강조한 책은 아니다. 오히려 교육을 매개로 중간지원조직의 역할, 미래세대의 삶에 대한 관점, 지역재생 노력의 방법을 돌아본 책이라고 보는 것이 더 정확할 것이다.

최근 들어 특히 인구감소의 압박과 지역재생의 필요가 동시에 고조되는 우리나라의 상황에서 어떻게 하면 실속 있는 경험을 축적하고, 어떻게 하면 쓸만한 중간지원조직의 역할을 만들 수 있고, 어떻게 하면 가능성을 느끼는 삶을 만들 수 있는가에 대한 시사점을 제시한 책이다.

물론 모두 성공 스토리는 아니다. 오히려 '실패 경험이 교과서가 된다'는 말처럼 작은 시도를 거듭하며 몸으로 감각을 익혀 (가미야마 특유의) '일단 해보자'는 자세를 강조한다.

'지금'을 희생하며 미래에 희망을 걸기보다는 연령과 직업에 개의치 않고 서로 존중하며 키워주는 건전한 관계를 형성하는 것의 중요성을 강조한다.

지역의 삶이 원활하게 작동하도록 유치원부터 고등학교까지 공통의 교육이념을 수립하고, 각종 산업을 수평으로 연결하며, 미션 중심으로 모든 다양한 기관과 기업들이 연결되는 '영역 횡단성'을 강조한다.

3. 지역재생의 시작과 끝은 교육

가미야마에서는 '기술·디자인·기업가 정신 함양'을 모토로 하는 5년제 가미야마 마루고토 고등전문학교가 2023년 4월 개교했다. 기업의 고향납세와 기부 등을 통해 무료교육을 실시할 뿐만 아니라 지역산 목재로 교실을 짓고, 지역 식재료로 급식을 제공하고, 교실 교육과 현장 교육을 실시하며, 높은 수준의 전문가들이 집중 교육을 하는 것으로 일본 내외에서 큰 관심을 받고 있다.

이 책에 소개된 농업고등학교까지 포함하면 가미야마에는 각기 다른 목표를 가진 교육기관 2개가 탄탄하게 있는 셈이다. 그저 좋은 학교 2개가 있다는 것이 아니라 지역재생에서 교육이 입구이자 출구라는 의미다. 경영전문학교와 농업전문고등학교의 조화는 어떻게 이루어질 수 있을지 벌써부터 기대된다.

비단 지역에서 학교만 중요하겠는가. 아니, 좋은 학교가 지역에 있다고 지역이 바뀌겠는가. 문제는 훨씬 더 복잡하다.

그러나 학교와 지역의 연결, 학생과 주민과 활동가와 공무원, 거기에 외부의 전문가까지 연결되면 훨씬 많은 선택지를 만들 수 있고 훨씬 많은 가능성을 만들 수 있을 것이다.

지역소멸이라는 말도 안되는 근심을 키우기 이전에 일단 '되는 꼴'을 만들려는 시도가 필요하다. 현란한 수사와 거창한 목표에 휘둘리기보다 일단 스스로 의문을 만들면서 답을 찾아가는 과정의 중요성, 이 책에서 말하고자 하는 희망은 그렇게 만들어지는 것이다.

2023년 5월

역자를 대표하여

조희정

마을을 키우는 아이들

가미야마 학교 이야기

ⓒ 모리야마 마도카

초판 1쇄 발행 2023년 5월 20일

지은이 모리야마 마도카
옮긴이 윤정구·조희정
펴낸이 서복경
기획 엄관용
편집 이현호
디자인 와이겔리

펴낸곳 더가능연구소
등록 제2021-000022호
주소 04071 서울특별시 마포구 성지길 36-12, 1층(합정동, 꾸머빌딩)
전화 (02) 336-4050
팩스 (02) 336-4055
이메일 plan@theposslab.kr
인스타그램 @poss_lab

ISBN 979-11-981812-2-0   03300